Edition Rosenberger

Die „Edition Rosenberger“ versammelt praxisnahe Werke kompetenter Autoren rund um die Themen Führung, Beratung, Personal- und Unternehmensentwicklung. Alle Werke in der Reihe erschienen ursprünglich im Rosenberger Fachverlag, gegründet von dem Unternehmens- und Führungskräfteberater Dr. Walter Rosenberger, dessen Programm Springer Gabler 2014 übernommen hat.

Hans A. Hey • Alexandra Hey

Vom Verkaufsleiter zum Verkaufscoach

Training on the job – der Schlüssel zum Verkaufserfolg

Springer Gabler

Hans A. Hey
Heilbronn, Deutschland

Alexandra Hey
Köln, Deutschland

Bis 2014 erschien der Titel im Rosenberger Fachverlag, Leonberg.

Edition Rosenberger
ISBN 978-3-658-07935-2 ISBN 978-3-658-07936-9 (eBook)
DOI 10.1007/978-3-658-07936-9

Die Deutsche Nationalbibliothek verzeichnet diese Publikation in der Deutschen Nationalbibliografie; detaillierte bibliografische Daten sind im Internet über http://dnb.d-nb.de abrufbar.

Springer Gabler

Gedruckt auf säurefreiem und chlorfrei gebleichtem Papier

Springer Fachmedien Wiesbaden ist Teil der Fachverlagsgruppe Springer Science+Business Media (www.springer.com)

Inhalt

Vorwort

Da liegt es nun vor Ihnen: das erste Buch zum Thema Verkauf, das durch die enge Zusammenarbeit von Kolleginnen und Kollegen in der Fachgruppe Verkauf des BDVT e. V., Köln, inspiriert wurde. Weitere Bände sollen folgen.

Ich freue mich besonders, dass dieses erste BDVT Verkaufs-Buch vom Ehrenpräsidenten unseres Verbandes Hans A. Hey und seiner Tochter Dr. Alexandra Hey verfasst wurde. Mit ihrem Werk zeigt sich vorbildlich, was ein Berufsverband leisten kann – Wissen und Erfahrungen im Kollegenkreis zusammentragen, aufbereiten und das Ergebnis zum Nutzen aller publizieren. Dank deshalb auch dem Verleger Dr. Walter Rosenberger, der ebenfalls dem BDVT angehört und sich dort seit Jahren im Beirat des Verbandes engagiert.

Die Kolleginnen und Kollegen des BDVT stehen für Kompetenz im Verkaufstraining schlechthin. Ganz in der Tradition des BDVT übrigens, der 1964 von Verkaufsförderern und Trainern gegründet wurde und der heute als Berufsverband für Trainer, Berater und Coaches unter dem Motto „Menschen entwickeln – Zukunft gestalten“ noch viele weitere Berufsrichtungen in sich vereint.

Besonders nützlich ist dieses Buch vor allem mit den von den Autoren entwickelten Auswertungsbögen für das Feldtraining. Damit sind praxiserprobte Werkzeuge geschaffen, Verkäufer im praktischen Einsatz gezielt weiter zu entwickeln und die Unternehmensleistung im Verkauf zu optimieren.

Ihnen, sehr geehrte Leserin, sehr geehrter Leser, wünsche ich nun viel Freude und Nutzen mit diesem Buch, und den Autoren sage ich Dank – auch im Namen des BDVT e. V.

Claus von Kutzschenbach
Präsident BDVT e. V.
Köln, im April 2011

1 Ziele und Aufgabenstellungen von Feldtraining

Verkaufsleiter müssen *Multitalente* sein, wenn sie die Fülle all ihrer Aufgaben bewältigen wollen. Allein das Berufsbild „Vertriebs- und Verkaufsleiter BDVT" der Fachgruppe Verkauf im „Berufsverband der Trainer, Berater und Coaches" (BDVT) umfasst 25 Tätigkeitsfelder mit Unterpunkten von Leitung des Vertriebs/Verkaufs über Planung/Steuerung, Führung bis hin zu persönlicher Marktbearbeitung und Kontakten zu Großkunden.

Die Fülle dieser Aufgaben erfordert zu ihrer Bewältigung zwingend, dass Prioritäten gesetzt werden. Die permanente Ausbildung, Förderung, Entwicklung der zu führenden Mitarbeiter und das Trainieren besonders in ihren Verkaufsaufgaben ist eine wichtige, nicht delegierbare Aufgabe des Verkaufsleiters.

Für diese Tätigkeit werden verschiedenste Bezeichnungen verwandt: Weiterbildung, Training, Coaching, Training on the job, Supervision, Feldtraining. Obwohl Training on the job die Aufgabenstellung in moderner Formulierung umreißt, wird in dieser Abhandlung die bewährte Bezeichnung *Feldtraining* durchgehend verwendet. Sie trifft den Kern, die Besonderheit dieser Art des Verkaufstrainings, nämlich die Zusammenarbeit zwischen Verkaufsleiter und Verkäufer im direkten Kundenkontakt, die dabei erfolgende Beobachtung der Gesprächsführung und die nachfolgende sofortige Auswertung aller Eindrücke der Verkaufsverhandlung am besten.

Schwerpunktmäßig wird diese bereits klassisch zu nennende Form des Verkäufertrainings bei Mitreisen und *gemeinsamen Kundenbesuchen* mit Außendienstmitarbeitern durchgeführt. Auf diese spezielle Situation konzentrieren sich die Ausführungen in diesem Beitrag. Viele der nachstehenden Trainingsempfehlungen lassen sich jedoch sinngemäß und problemlos auf jede Art des Trainings on the job übertragen und anwenden, zumal neuere Erkenntnisse, die allgemeine Grundsätze und Voraussetzungen für die erfolgreiche Durchführung von Coaching-Prozessen betreffen, mitberücksichtigt werden.

Feldtraining ist deshalb so wichtig, weil ein Training in Seminarform zwar verkaufspsychologische Grundlagen, Grundsätze des Verkaufens, Methoden und Techniken usw. vermittelt. Die Bedingungen des tatsächlichen Kundengesprächs können im Seminarraum jedoch nicht geschaffen werden. Nur im echten Kundenkontakt – also im Feld – entstehen die *Interaktionen* zwischen Verkäufer und Kunden, müssen persönliche Beziehungen aufgebaut, Argumente ausgetauscht werden und besteht die Chance, den Kunden zu überzeugen oder den Auftrag zu verlieren. Also eine Live-Situation mit sofortiger Erfolgsbestätigung und Ergebniskontrolle. Wo der Wirkungsgrad der Seminararbeit zwangsläufig endet, beginnt das Feldtraining mit dem Verkäufer.
Der Verkaufsleiter führt also gemeinsam mit seinem Verkäufer solche Kundenbesuche mit den entsprechenden Verkaufsgesprächen durch, beobachtet den Mitarbeiter in der Verkaufspraxis, analysiert anschließend sofort das Verkaufsgespräch, gibt Feedback und Verhaltenshinweise, die anschließend als *neu gelerntes Verhalten* sofort in der Praxis angewandt und erprobt werden können. Gerade für die erfolgreiche Durchführung dieser anspruchsvollen, spezialisierten Führungsaufgabe muss der Verkaufsleiter ausgebildet und qualifiziert werden.

Die *Ziele und Aufgabenstellungen* des Feldtrainings, die zum Teil vorstehend bereits aufgezeigt wurden, sind zusammengefasst:

_ Vermitteln und Setzen klarer Ziele durch den Verkaufsleiter.

_ Zielvereinbarungsgespräche mit dem Mitarbeiter.

_ Analyse des Mitarbeiters in Bezug auf Ausbildung, Wissensstand, Qualifikation, Leistungsvermögen, Leistungsbereitschaft, Einstellung, Motivation. (Im Verkauf können diese Erkenntnisse teilweise aus Führungsgesprächen, Diskussionen und Schlussfolgerungen aus Zahlen, Fakten, Ergebnissen und Zielerfüllung abgeleitet werden. Zum größeren Teil und mit sicherer Aussagekraft können diese Beurteilungen allerdings nur aus der Beobachtung in der Arbeitssituation, durch Zusammenarbeit in der Verkaufspraxis, also im direkten Kundenkontakt erkannt und gewonnen werden.)

_ Übernahme und Durchführung von Teiltrainingsaufgaben durch die Verkaufsführungskraft, wobei das Feldtraining hierbei die zentrale Bedeutung hat.

_ Erarbeitung und Diskussion von Beobachtungskriterien, Schaffen strukturierter Beobachtungsinstrumente.

_ Regelmäßige Begleitung und Beobachtung des Verkäufers bei seiner Verkaufsarbeit im direkten Kundenkontakt.

_ Sofortige Analyse und Auswertung des Kundenbesuchs in einer sogenannten „Bordsteinkonferenz“. Für diese Art der Auswertung werden synonym auch die Begriffe Coachingsitzung, Ergebnisauswertung und Feedbackgespräch verwandt. Die Bezeichnung „Bordsteinkonferenz“ beschreibt aber den besonderen, spontanen Charakter dieses Mitarbeitergesprächs sofort nach dem Verkaufsgespräch am treffendsten.

_ Ausführliches, aufbauendes Feedback, in dem aus der Analyse des Kundenbesuchs Arbeitsverhaltensziele und Entwicklungspotenziale abgeleitet und aufgezeigt werden.

_ Erarbeitung und Besprechung von Entwicklungs- und Förderplänen mit konkreten, individuellen Trainingsvereinbarungen.

_ Formulieren eines anonymisierten Gesamtergebnisses aus den Begleitbesuchen aller Mitarbeiter. Ableiten eines Stärken- und Schwächenprofils der Verkaufsmannschaft als Basis weiterer zentraler und dezentraler Weiterbildungsmaßnahmen.

1.1 Soll und Ist – Wunsch und Wirklichkeit

Der Verkauf ist die direkte Verbindung zwischen dem Unternehmen und den Kunden, die Verkaufsleistung bringt den *Return on investment*, deshalb kommt dem regelmäßigen Training, also der Fortbildung, Entwicklung und Leistungssteigerung der Verkaufsmannschaft für den Unternehmenserfolg eine entscheidende Bedeutung zu. Diese Tatsachen und die sich daraus ergebenden Ziele, Notwendigkeiten und Aufgaben werden in der Regel von den Beteiligten auch so gesehen und bestätigt. Nur hier unterscheiden sich Wunsch und Wirklichkeit – Theorie und Praxis – offensichtlich ganz erheblich.

Arbeitszeitanalysen von Verkaufsleitern in verschiedenen Branchen ergaben folgende Zeitverteilung:

_ 62 % für Kundenkontakte einschließlich der Fahrten zu Kundenbesuchen

_ 22 % für Leitung des Verkaufs, Planung und Steuerung, interne Bürotätigkeiten, Administration, Kontakte zur Zentrale

_ 9 % für Konferenzen, Meetings, eigene Weiterbildung, sonstige Aufgaben

(Quelle: Selbstaufzeichnungen und Arbeitszeituntersuchungen bei 25 Verkaufsleitern.)

FAZIT

Damit werden nur 7 % der Arbeitszeit für direkte Kontakte, Gespräche, Weiterbildung und Training der Mitarbeiter eingesetzt!

Sich daraus ergebende Konsequenzen:

_ Die Verkaufsführungskräfte müssen mehr Zeit in ihre Mitarbeiter investieren.

_ Der zu große Zeitaufwand für eigene Kundenbesuche muss reduziert werden, um mehr Zeit für Führungsaufgaben – insbesonders Training – freizubekommen.

_ Um wichtige Kundenkontakte selbständig übernehmen zu können, müssen die Verkäufer im Niveau und der Verhandlungsfähigkeit ständig weiter verbessert werden.

_ Neben den Zeitproblemen kommt noch dazu, dass in vielen Fällen die Zusammenarbeit zwischen Verkaufsleiter und Verkäufer bei Kundenbesuchen von den Beteiligten kritisch gesehen und sogar als belastend empfunden wird. Es gelingt offensichtlich häufig noch nicht, den Begleitbesuchen ihren Kontrollcharakter zu nehmen und das Feldtraining als Chance zur Weiterbildung und persönlichen Entwicklung des Mitarbeiters darzustellen. Außerdem stellt die Übernahme von Teiltrainingsaufgaben besondere Herausforderungen an die soziale Kompetenz des Verkaufsleiters, auf deren Bewältigung diese oft unzureichend ausgebildet und vorbereitet wurden.

1.2 Entwicklung des Feldtrainings

Es ist deshalb aufschlussreich, einen Blick auf die Geschichte und Entwicklung des Feldtrainings zu werfen, weil dadurch die heutigen anspruchsvollen Aufgaben, die sich dem Verkaufsleiter bei Übernahme dieser Teiltrainingsfunktion stellen, deutlich werden. Der Autor dieses Buches durfte die meisten dieser Entwicklungsphasen als Verkäufer, Verkaufsleiter und später als Trainer miterleben.

Wahrscheinlich wurden junge Verkäufer zu allen Zeiten von erfahrenen Verkaufskräften, sogenannten *Mentoren,* ins Verkaufen und bei den Kunden eingeführt. Durch Beobachtungen, Anweisungen und Nachmachen erwarben sie notwendige Kenntnisse und Fähigkeiten.

Zu Beginn der 1960er Jahre mit dem Wandel vom Käufer- zum Verkäufermarkt stiegen die Anforderungen an Verkaufskräfte stark an. Um diese neuen Herausforderungen bewältigen zu können, mussten Verkäufer systematischer ausgebildet und regelmäßig trainiert werden.

In den Unternehmen wurden *Verkaufsförderungs- und Trainingsabteilungen* eingerichtet. Der Beruf des Verkaufstrainers als Spezialist für die Aus- und Fortbildung von Verkaufskräften etablierte sich am Markt. Bereits 1964 wurde der BDVT als Berufsverband der Verkaufsförderer und Trainer gegründet. Im Zuge dieser Entwicklung kam auch die Aufgabe auf die Verkaufsleiter zu, ihre Verkaufsmannschaft bei Erfüllung ihrer Verkaufsaufgaben am Ort des Verkaufens zu trainieren. Das Feldtraining war geboren!

Verkaufsleiter wurden damals in erster Linie wegen ihrer überdurchschnittlichen Verkaufsfähigkeiten als Führungskräfte ausgewählt. Entsprechend dieser Qualifikation trainierten sie dann auch. Den Verkäufern wurde vorgemacht, wie erfolgreiches Verkaufen geht. Im Extrem durften die Mitarbeiter an solchen Begleittagen die Tasche tragen und den Verkaufsgesprächen zuhören, die vom Verkaufsleiter ausschließlich selbst geführt wurden. Die zu Trainierenden bewunderten also den Guru und seine Verkaufskünste und dieser versuchte, seinen erfolgreichen Verkaufsstil auf sie zu übertragen.

Es wurde also stark auf das *Imitationslernen* gesetzt. Dieser Trainingsmethode sind allein durch die Persönlichkeitsunterschiede natürliche Grenzen gesetzt. Außerdem verstößt ein solcher Stil gegen den alt bewährten Grundsatz: „Kapieren und nicht kopieren". Der Erfolg dieses Vorgehens war also fast zwangsläufig gering.

Parallel zu dieser Art des Trainings fand besonders bei Markenartikelfirmen mit ihren zahlenmäßig großen Außendienstorganisationen eine strenge *Kontrolle der Verkäufer* statt. Nach Checklisten wurden vom Verkaufsleiter die Kleidung, die Ausrüstung, die Werbe- und Verkaufsförderungsmittel, Unterlagen, das Fahrzeug usw. regelmäßig geprüft. Alle demotivierenden, Vertrauen zerstörenden Methoden aus dem Gruselkabinett steinzeitlicher Mitarbeiterführung sollten endgültig der Vergangenheit angehören. So zum Beispiel, dass der Verkaufsleiter eine Tour des Mitarbeiters nachfährt oder nachtelefoniert, um dessen Besuch zu prüfen und sich beim Kunden über die Arbeitsweise zu erkundigen. Oder ähnlich schlimm, wenn der Verkaufsleiter vor dem Haus des Mitarbeiters lauert, um zu kontrollieren, um welche Zeit die Tour begonnen und wann sie beendet wird.

Hinter diesem versuchten „Drill" und den ständigen Kontrollen stand eine streng hierarchische, *autoritäre Führungsauffassung*. Nachdem aus den gemachten Erfahrungen und Ergebnissen klar wurde, dass das Imitationslernen am Vorbild Verkaufsleiter nicht den gewünschten

Erfolg bei der Qualifizierung der Verkäufer bringt, wurden aus diesen Erkenntnissen Konsequenzen gezogen und ein Umdenken und eine Umorientierung des Feldtrainings eingeleitet.

Dazu kam, dass in den 1970/80er Jahren in den Unternehmen Personal- und Organisationsentwicklungsabteilungen entstanden. Eine neue Generation akademisch gebildeter Personalleiter und Personalentwickler wirkte in diesen Stabsabteilungen. Verkaufen und Training wurden als ganzheitlicher Prozess aufgefasst, wissenschaftlich untersucht und fundiert.

Standardwerke aus dieser Zeit, deren richtungsweisende Gedanken zum Teil bis heute fortwirken, waren zum Beispiel „Der Verkaufsvorgang als sozialer Interaktionsprozess“, Dissertation von Dr. Rolf Schoch, und „Praxis der Interaktionsstrategie in Verkauf und Marketing“, 4 Bände, von Prof. Gert Heinz Fischer und Mitarbeiter. Besonders im BDVT wurde mit Nachdruck an der Systematisierung, Professionalisierung und der Methodik des Trainings gearbeitet. Max Meier-Maletz, Trainingsexperte aus Meerbusch, machte Trainings-Erfolgskontrolle und Erfolgsnachweis zum Dauerthema, das aktuell zum Beispiel in der Fachgruppe „ERKON“ im BDVT ständig diskutiert und weiterentwickelt wird.

Welche Auswirkungen hatten diese neuen Erkenntnisse auf das Feldtraining? Enorme, denn die Auffassung, wie Begleitbesuche und die Zusammenarbeit von Verkaufsleiter und Verkäufer beim gemeinsamen Kundenbesuch und die nachfolgenden Auswertungs- und Lernprozesse gestaltet werden sollen, änderten sich völlig. Wie häufig schlug das Pendel in die andere Richtung aus. Die Auffassung: Der Verkaufsleiter zeigt, wie es geht, und der Verkäufer versucht, dieses Verhalten zu übernehmen, galt als überholt.

Die neue These hieß: *Allein der Verkäufer hat die Verantwortung für die Verhandlungsführung, deshalb führt und steuert er autark das Gespräch.* Die begleitende Führungskraft hält sich so weit wie möglich zurück, mischt sich in keinem Fall in das Gespräch ein. Höchstens direkte Fragen des Kunden an den Verkaufsleiter werden kurz beantwortet, um dann umgehend die Gesprächsführung wieder an den Verkäufer zurückzugeben. Der Begleitende verhält sich neutral, beobachtet das Gespräch, zieht daraus Schlussfolgerungen, macht sich ausführliche Notizen, anhand derer dann das nachfolgende Feedback im Auswertungsgespräch mit dem Verkäufer geführt werden kann.

Ein häufig zitiertes Motto für diese Art des Feldtrainings lautete: „Wer seine Verkäufer erfolgreich trainieren will, der muss hinter ihnen gehen und nicht vor ihnen". Diese Auffassung ging so weit, dass sogar die Sitzpositionen im Verkaufsgespräch vorgegeben wurden. Der Verkäufer sollte direkt dem Kunden gegenüber sitzen, der Verkaufsleiter etwas zurückgesetzt, auch deshalb, dass er möglichst unbeobachtet seine Aufzeichnungen machen konnte. Lieber Leser, wie würden Sie ein Gespräch empfinden, in dem Sie als Kunde mit zwei Gesprächspartnern kommunizieren, von denen einer aktiv ist, der andere sich jedoch bewusst reserviert zurückhält, ständig nur beobachtet und laufend mitschreibt?

Zumindest jeder sensible Mensch würde sich wahrscheinlich Gedanken über die Rollenverteilung seiner Besucher machen, sich in dieser Beobachtungssituation nicht wohl fühlen, seine Aktionen und Reaktionen sorgfältig überlegen und die gesamte Gesprächsatmosphäre unnatürlich, gestellt, wenn nicht sogar als unangenehm und belastend empfinden.

Ähnlich negative Auswirkungen dürfte diese Situation auch auf den Verkäufer haben. Deutliche Indizien für diese Einstellung sind Verkäuferkommentare nach den Besuchen wie z. B.: „Sonst verhält sich mein

Kunde ganz anders", „Das Gespräch ist nicht wie üblich verlaufen", „Heute fehlte die Offenheit und Lockerheit in dem Gespräch" oder gar „Wenn Sie dabei sind, bin ich nicht so frei wie sonst".

Der Autor hat es besonders bei Pharmareferenten beim Arztbesuch erlebt, dass der Doktor sein Missbehagen ganz offen und unmissverständlich äußerte: „Einen Gesprächspartner empfange ich, aber keine zwei". Kein motivierendes Erlebnis für den Verkaufsleiter, der im Auto warten musste, bis sein Mitarbeiter seinen Besuch beendet hatte. Begleitbesuche mit alleiniger Aktivität des Verkäufers und der Beobachtungsrolle des Verkaufsleiters bringen ebenfalls verfälschte Eindrücke und unbefriedigende Ergebnisse. Feldtraining dieser Art funktioniert also auch nicht!

Wie soll also ein ideales Feldtraining aussehen?

Möglichst natürlich und *ungezwungen*, das heißt: Es soll sich ein fließender Dialog zwischen dem Kunden, dem Verkäufer und dem Verkaufsleiter ergeben. Obwohl der Verkäufer auch bei dieser Art des Feldtrainings – im Grunde eine Synthese und Erweiterung der früheren, vorstehend geschilderten Trainingsstile – derjenige bleibt, der die Gesprächsführung hat, wird der Verkaufsleiter weit häufiger und gezielter aktiv in die Verkaufsverhandlung einbezogen.

Es ist schwierig, *Gesprächsanteile* in Prozentwerten auszudrücken. Dennoch dürften 2/3 der Beiträge vom Verkäufer und 1/3 Gesprächsbeteiligung des Verkaufsleiters ein vernünftiges und anzustrebendes Verhältnis sein.

Obwohl Verkaufsleiter und Verkäufer sicherlich ihre Gesprächsziele, den Gesprächsaufbau und die Angebotsstrategie bei der Besuchsvorbereitung besprochen und abgestimmt haben, beeinflussen die Kundenreaktionen in hohem Maße Gesprächsanteile und *Gesprächssteuerung*. Ist zu erkennen, dass der Kunde mit dem Verkaufsleiter sprechen will, muss dieser dem Kundenwunsch entsprechen und die Gesprächsführung übernehmen. Die Verhandlungsführung sollte jedoch zum richtigen Zeitpunkt wieder an den Mitarbeiter zurückgegeben werden.

Dadurch bleibt der zu trainierende Mitarbeiter Mittelpunkt der Verhandlung, er wird nicht gegenüber dem Verkaufsleiter und vor dem Kunden degradiert, aber auch nicht in eine unnatürliche, ständig beobachtete Gesprächssituation gedrängt. Dadurch kann der begleitete Mitarbeiter sein verkäuferisches Können frei entfalten und unter Beweis stellen.

Da der Verkaufsleiter nun selbstverständlicher Teil der Gesprächsrunde ist, wird der Dialog lebendiger und effektiver. Hemmungen und Ängste des Verkäufers und Vorbehalte des Kunden werden reduziert, weil auch der Verkaufsleiter ins Gespräch eingebunden ist und seine Meinung beisteuert.

Um dem Begleitbesuch den Charakter einer Prüfungssituation zu nehmen, ist eine weitere wichtige Voraussetzung, dass der Begleitende *keinerlei Aufzeichnungen und schriftliche Notizen* während des Gesprächs und im Beisein des Kunden macht. Das heißt allerdings, dass der begleitende Verkaufsleiter sowohl in der Verkaufsverhandlung mitwirken, aber auch beobachten, Ablauf und Inhalt des Gesprächs registrieren und speichern muss.

Dies ist eine hohe Anforderung an Konzentration, Aufmerksamkeit und Wahrnehmung. Wenn in der nachfolgenden Auswertung der Verkäufer und die begleitende Führungskraft gemeinsam das Verkaufsgespräch Revue passieren lassen und zweckmäßigerweise mit Einsatz von *Beobachtungsinstrumenten* analysieren und auswerten, gelingt die Rekonstruktion des Kundenbesuchs und der Verhandlung in der Regel präzise und aussagekräftig. Allerdings werden für die Durchführung eines solch partnerschaftlichen Feldtrainings weit höhere Anforderungen an die analytischen, pädagogischen, psychologischen und führungstechnischen Fähigkeiten und Qualitäten des Verkaufsleiters gestellt, die nachfolgend dargestellt werden.

Eine *partnerschaftliche Gesprächsführung,* an der Kunde, Verkäufer und Verkaufsleiter gleichberechtigt und ausgewogen beteiligt sind, ist die Voraussetzung für zeitgemäßes, erfolgreiches Feldtraining.

2 Anforderungen an den Verkaufsleiter beim partnerschaftlichen Feldtraining

2.1 Kenntnisse der Lernpsychologie

_ Akzeptanz der Forderung des lebenslangen Lernens.

_ Authentisches Vorbild sein für die Forderung der persönlichen Weiterbildung durch ständige eigene Fortbildung, Aneignung von neuem Wissen, Entwicklung von Fähigkeiten, Besuche von Fortbildungsveranstaltungen, Kongressen und Seminaren usw.

_ Grundkenntnisse der Lernpsychologie und der Biologie des Lernens.

_ Kenntnisse über Struktur, Funktion und Arbeitsweise des menschlichen Gehirns und Speicherung des Lehrstoffs im Gedächtnis.

_ Information über die verschiedenen Lerntypen und deren spezifische Art der Lehrstoffaufnahme.

_ Fähigkeiten zum Entwickeln, Formulieren und Beschreiben affektiver, kognitiver und psychomotorischer Lernziele:

  _ Affektive Lernziele beziehen sich auf Einstellungen, Werte, Gefühle, und Stimmungen,

  _ Kognitive Lernziele auf Wissen, Kennen, Verstehen,

  _ Psychomotorische Lernziele liegen im Bereich Können, Handeln, Tun.

_ Ein sorgfältig ausformuliertes Lernziel umfasst drei Teile: Das Endverhalten, die Bedingungen und den Maßstab.

_ Kenntnisse der wichtigsten Lehrmethoden und Lerntechniken, wie zum Beispiel: Vortrag, Lehrgespräch, Präsentation, Diskussion, Brainstorming, Fallstudien, Rollenspiele usw.

_ Beherrschen der Regeln zum Aufbau der Lernmotivation und der Reduktion von Lernstress.

_ Antoine de Saint-Exupéry beschreibt überaus treffend die *Lernmotivation* in seinem berühmten Zitat: „Wenn Du ein Schiff bauen willst, so trommle nicht Männer zusammen, um Holz zu beschaffen, Werkzeuge vorzubereiten, Aufgaben zu vergeben und die Arbeit einzuteilen, sondern lehre die Männer die Sehnsucht nach dem weiten endlosen Meer." Übertragen auf die Aufgaben des Verkaufsleiters heißt dies kurz gefasst bei jeder seiner Trainingsaufgaben: positive Lernbedingungen schaffen, Lernziele vermitteln, den Nutzen aufzeigen, aufbauendes Feedback geben, alle Lernfortschritte bestätigen und verstärken, mit Freude und Spaß lernen und die Vorteile erleben durch erfolgreiche Anwendung des gelernten Wissens und der neu erworbenen Fähigkeiten.

2.2 Kommunikationstechniken der nicht direktiven Gesprächsführung

Voraussetzungen für die Anwendung von Kommunikationstechniken der nicht direktiven Gesprächsführung sind:

_ Bereitschaft, auf den Gesprächspartner einzugehen durch offenes Verhalten, menschliche Zuwendung, Annahme und Wertschätzung.

_ Bereitschaft, die Äußerungen, Meinungen. Einstellungen, Empfindungen und Gefühle des anderen geduldig zu hören, versuchen zu verstehen und als persönliche Meinungsäußerung zu akzeptieren.

_ Bereitschaft, eine nicht beurteilende oder gar verurteilende Haltung einzunehmen.

_ Bereitschaft zur Objektivität und Kontrolle des Gesprächsverlaufs und des Gesprächsergebnisses.

Die wichtigsten Methoden und Techniken der nicht direktiven Gesprächsführung sind nachfolgend dargestellt.

2.2.1 Die Methode des aktiven Zuhörens

Der Erfolg eines Gesprächs steht und fällt mit dem Zuhören. Wenn der Verkaufsleiter aktiv zuhört, so erfordert dies ein Höchstmaß an Konzentration. Aktives Zuhören bedeutet:

_ Partnerschaft, das heißt weg vom autoritären – hin zum kooperativen Führungsstil.

_ Konzentration und Zentrierung auf den Gesprächspartner.

_ Annehmen, Bejahung, Wertschätzung des anderen.

_ Aufmerksames, konzentriertes Zuhören, Absicherung des richtigen Verstehens und des Verständnisses.

_ Hilfreiches Rückfragen, aufbauendes Feedback und verantwortungsvolle Stellungnahme.

_ Erfüllung eines menschlichen Grundbedürfnisses im Sinne des portugiesischen Sprichwortes: „Jeder braucht ein Ohr, in das er jammern kann.“

_ Weder durch inhaltliche noch nonverbale Beeinflussungen darf die Antwort des anderen manipulierend im Sinne einer erwünschten Antwort vorbestimmt werden. Deshalb sind Suggestivfragen, Unterstellungen und Interpretationen grundsätzlich zu unterlassen.

Wenn Sie präzises Sprechen und genaues Zuhören verbessern wollen, machen Sie bitte mit einem Gesprächspartner folgende *Übung:*

_ Einigen Sie sich zunächst auf ein Thema, zu dem Sie unterschiedliche Meinungen vertreten.

_ A beginnt die Diskussion mit seiner ersten These.

_ B wiederholt sinngemäß, was A gesagt hat.

_ Wenn A nun die Richtigkeit des Wiederholten bestätigt („stimmt"), stellt B seine These dagegen.

_ Nun muss A das Gesagte wiederholen und B bestätigt die Richtigkeit. Weiter im ständigen Wechsel.

_ Wenn jemand seine Zustimmung verweigert (stimmt nicht), muss der Partner ein zweites Mal versuchen, das Gesagte korrekt zu wiederholen. Gelingt dies wiederum nicht, äußert der erste nochmals seine These.

_ Nachdem Sie ca. 10 Minuten diskutiert haben, sprechen Sie bitte über Ihre Eindrücke.

Hinweise zur Beobachtung und Besprechung:

_ Werden die Regeln eingehalten?

_ Werden die Thesen verständlich, kurz und knapp formuliert?

_ Wird tatsächlich konzentriert zugehört?

- Gelingt eine präzise Zusammenfassung?
- Was ist Ihnen an der Sprechweise Ihres Gesprächspartners sonst noch aufgefallen?

2.2.2 Die Methode des richtigen Fragens und Aktivierens

Diese hat das Ziel, den Gesprächspartner zu aktivieren, zu offenen Antworten zu führen und Informationen zu gewinnen. Die einfachste Form der Aktivierung sind ermunternde Aufforderungen oder Fragen wie z. B.:

- „Bitte erzählen Sie!“
- „Können Sie das ausführlich darstellen?“
- „Sie haben doch etwas auf dem Herzen?“
- „Bitte ein Beispiel!“
- „Das interessiert mich!“
- „Nun mal raus mit der Sprache!“

Da der Gesprächspartner aktiviert und zu *offenen Antworten* hingeführt werden soll, geht die nachfolgend dargestellte Frageform von den Grundsätzen aus:

- Keine eigenen Informationen oder beeinflussende Äußerungen in die Fragestellung verpacken.
- *Keine geschlossenen Fragen* stellen, die nur mit ja oder nein beantwortet werden können, wie zum Beispiel:

- „Kennen Sie?“
- „Sollen wir so vorgehen?“
- „Darf ich mit Ihrer Zustimmung rechnen?“
- „Haben Sie den Bericht bereits gelesen?“ usw.

Beispiele für aktivierende, öffnende Fragen sind:

- Was verstehen Sie darunter?
- Wie erklären Sie sich den Zusammenhang?
- Wie haben Sie das festgestellt?
- Wie oft hat sich das gezeigt?
- In welcher Weise sollten wir das Vorgehen verändern?
- Was ist Ihrer Meinung nach neu im Bestellverhalten der Kunden?

Als Antwort auf diese Fragen werden in der Regel *Begründungen* mit Darstellungen, Daten, Fakten und Zahlen gegeben.

Auch die sogenannten *W-Fragen* (wie, was, weshalb, warum, wozu, in welcher Beziehung) sind bewährte Einstiege in einen dialogischen, offenen Gesprächsstil.

2.2.3 Die Methode des Verbalisierens

Die Methode des Verbalisierens nach Carl Rogers besteht aus drei Formen:

1. *Verbalisierung als Wiedergabe – Echoantwort –, das heißt möglichst wortgetreue Wiederholung des vom Partner geäußerten Gesprächsinhalts*
2. *Verbalisierung mit anderen Worten*

Letztere findet der Partner meist angenehmer, weil dadurch ein tieferes, persönliches Engagement des Verkaufsleiters sichtbar wird. Beispiele dafür sind:

- „Sie finden also dieses Verfahren als zu kompliziert?"
- „Habe ich hier eine grundsätzliche Kritik über … herausgehört?"
- „Sie sehen also die Einarbeitungszeit als zu kurz an?"
- „Wenn ich Sie richtig verstanden habe, wünschen sie eine nochmalige Schulung?"
- „Mit anderen Worten, Sie plädieren dafür, die Einführung zu verschieben?"
- „Geht es Ihnen im Wesentlichen darum, die Sicherheit zu erhöhen?"

Bei der Verbalisierung in dieser Form wird dem Gesprächspartner Wertschätzung signalisiert, weil seine Äußerungen aufgenommen und durch die Formulierung mit anderen Worten in fragender Form das Verständnis abgesichert wird.

3. *Verbalisierung durch Neuformulierung und Beleuchtung aus anderer Sicht*

Dabei werden dem Gesprächspartner neue, bisher nicht berücksichtigte Aspekte aufgezeigt und es wird dabei ermöglicht, den eigenen Standpunkt neu und anders zu sehen. Beispiele dafür sind:

_ „Könnte das Verhalten Ihrer Mitarbeiter nicht auch aus Sorge um ... entstanden sein?“

_ „Liegt in der geplanten Besetzung der Position nicht die Chance eines Neuanfangs?“

_ „Bietet die momentane Kaufzurückhaltung für uns nicht die große Chance, mit den neuen Modellen nach der Messe die Lager kräftig aufzustocken?“

_ „Aus anderer Sicht könnte die Einstellung von ... auch aus Angst vor einer Veränderung herrühren?“

_ „Sehen Sie in den gesundheitlichen Problemen nicht auch eine Möglichkeit, die Lebensgewohnheiten zu ändern?“

Mit den Methoden des aktiven Zuhörens, des richtigen Fragens bzw. Aktivierens und der Verbalisierung wurden bereits wichtige, unentbehrliche Techniken zur erfolgreichen Durchführung von Feldtraining aufgezeigt.

Zur Weiterentwicklung und Verhaltensänderung benötigen die Mitarbeiter jedoch Erkenntnisse und Hinweise über ihr gezeigtes Wissen und Können. Ebenso muss die Qualität und voraussichtliche Wirkung ihrer Handlungen aufgezeigt werden.

Deshalb ist die Fähigkeit, richtiges, aufbauendes Feedback zu geben eine Grundvoraussetzung für erfolgreiches Training, Coaching und die gesamte Mitarbeiterführung. Wegen der Wichtigkeit wird das Thema „richtiges Feedback“ ausführlich dargestellt.

2.3 Richtiges Geben von Feedback

Das englische Wort „Feedback“ besteht aus der Kombination von „feed“ (füttern) und „back“ (zurück). Übersetzt wird es meist mit „Rückmeldung“ oder „Rückkopplung“. Feedback kann definiert werden als ein beabsichtigter Kommunikationsprozess von einem Sender zu einem Empfänger, in welchem der Sender Informationen darüber gibt, wie er das Verhalten und/oder die Leistung einer Person wahrnimmt und/oder bewertet. Diese Information bietet die Möglichkeit zur Entwicklung des Senders oder zur Verbesserung der Beziehung zwischen Sender und Empfänger.

2.3.1 Selbst- und Fremdbild

Das Bild, das eine Person von sich selbst hat, muss nicht notwendigerweise mit dem Bild übereinstimmen, das andere von ihr haben. So beschreibt Gerhard Comelli (1985) die drei „Gesichter“, die jeder Mensch hat:

- Der wahre physische und psychische Zustand einer Person, der jedoch von niemandem genau in dieser Form beschrieben werden kann.
- Das Selbstbild einer Person, das die Art und Weise darstellt, wie sie sich selbst wahrnimmt.

_ Das Fremdbild oder die Außenwirkung der Person, das die Art und Weise beschreibt, wie ihre Interaktionspartner sie wahrnehmen.

Die einzige Möglichkeit, eine Person zu beschreiben, ist daher die Beschreibung des *Selbstbildes* oder des *Fremdbildes* dieser Person. Beide werden immer auch durch frühere Erfahrungen, durch Vorurteile oder Erwartungen beeinflusst und müssen nicht notwendigerweise übereinstimmen.

In sozialen *Interaktionssituationen* ist nicht nur das Bild entscheidend, das eine Person von sich selbst hat, sondern auch das Bild, das andere von ihr haben. Dieses bestimmt die Wirkung der Person auf die Interaktionspartner und somit auch deren Reaktionen. Feedback trägt dazu bei, mehr über das Bild zu erfahren, das andere von der eigenen Person haben.

Eine gewisse Diskrepanz zwischen Selbst- und Fremdbild ist die Voraussetzung für die *Initiierung von Verhaltensänderungen*. Wenn jemand Feedback bekommt, erklärt er es zunächst in Richtung seiner eigenen Selbsteinschätzung. Nur wenn die Diskrepanz dann noch vorhanden ist, ändert sich das Selbstbild in Richtung des Feedbacks. Werden die Diskrepanzen als zu groß empfunden, kommt es nach Festinger (1957, zit. nach Comelli 1985) zu Rechtfertigungen und zur Ablehnung des Feedbacks.

Menschen sind neugierig zu erfahren, ob und inwieweit ihr Selbstbild und ihr Wunschbild (wie die Person möchte, dass andere sie sehen) mit dem Fremdbild übereinstimmt. Sie denken auf der anderen Seite jedoch oft, dass andere sie so sehen, wie sie sich selbst, das heißt, sie gehen von einer *Übereinstimmung* von Selbst- und Wunschbild aus und haben damit auch die Tendenz, ihre Leistung zu überschätzen. Dennoch ist diese Selbsteinschätzung gerade im Arbeitskontext sehr wichtig, um die Arbeitsumgebung und ihre Anforderungen zu verstehen. Aus dem Hunger nach Informationen über sich selbst ergibt sich die Basis der Motivation für richtig durchgeführtes Feldtraining.

Den Nutzen von Feedback kann man sehr gut mit einem einfachen grafischen Modell, das die Veränderungen von Selbst- und Fremdwahrnehmung im Verlauf eines Gruppenprozesses beschreibt, dem *Johari-Fenster*, darstellen. Das Modell ist nach den Vornamen der beiden Autoren, Joe Luft und Harry Ingham, benannt und sieht die Wechselbeziehung einer Person (Ich) zu ihrer Umwelt (die anderen) unter vier Aspekten (Luft 1970):

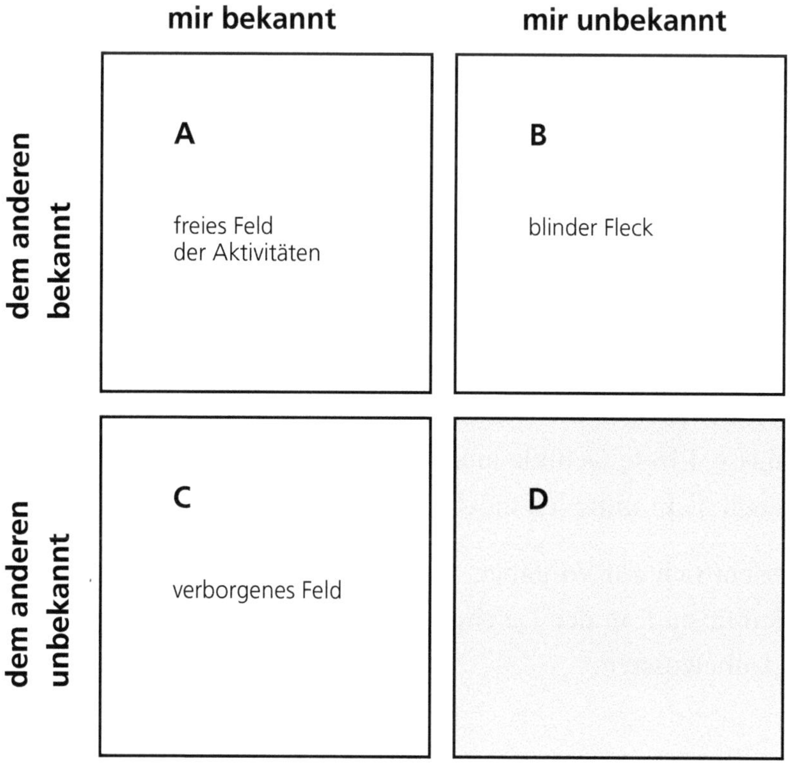

Abb. 1: Das Johari-Fenster

- *Feld A* steht für das sogenannte „offene Selbst“, das heißt jenen Teil öffentlicher Sachverhalte und Tatsachen, von Verhalten und Motivation, der sowohl dem Ich als auch den anderen bekannt und wahrnehmbar ist. Es ist der Bereich der freien Aktivität, der öffentlichen Sachverhalte und Tatsachen.

- *Feld B* ist für die Betrachtung von Feedback besonders interessant. Es ist der Bereich, der den anderen bekannt, dem Ich aber unbekannt ist. Er beinhaltet die Wirkung des Ich auf andere. Luft und Ingham nennen dieses Feld den „blinden Fleck“ der Selbstwahrnehmung. Hierunter fallen Abgewehrtes, Vorbewusstes und nicht mehr bewusste Gewohnheiten. Indem man von anderen Feedback über seine Wirkung bekommt, gewinnt man Erfahrungen über sich selbst und verringert das Feld des blinden Flecks. Luft und Ingham betrachten es als Zeichen eines persönlichen Reifungsprozesses, wenn der blinde Fleck nicht zu groß ist bzw. sich verringert und wenn jemand offen für Feedback ist und der größte Energieaufwand bei der Kommunikation nicht dem Verbergen oder Rechtfertigungen gilt.

- *Feld C* ist der Bereich des Denkens und Handelns, der bewusst vor anderen verborgen und verheimlicht wird, weil hier die empfindlichen Stellen liegen oder weil man glaubt, dass sie von den anderen abgelehnt werden. Es ist der Bereich des Verbergens, Versteckens und Vermeidens, der Geheimnisse, Ideen, Gefühle und Reaktionen, die man anderen nicht oder noch nicht mitteilen möchte.

- *Feld D* bezieht sich auf Vorgänge, die weder dem Ich noch dem anderen bekannt sind. In der Tiefenpsychologie spricht man hier vom Bereich des Unbewussten.

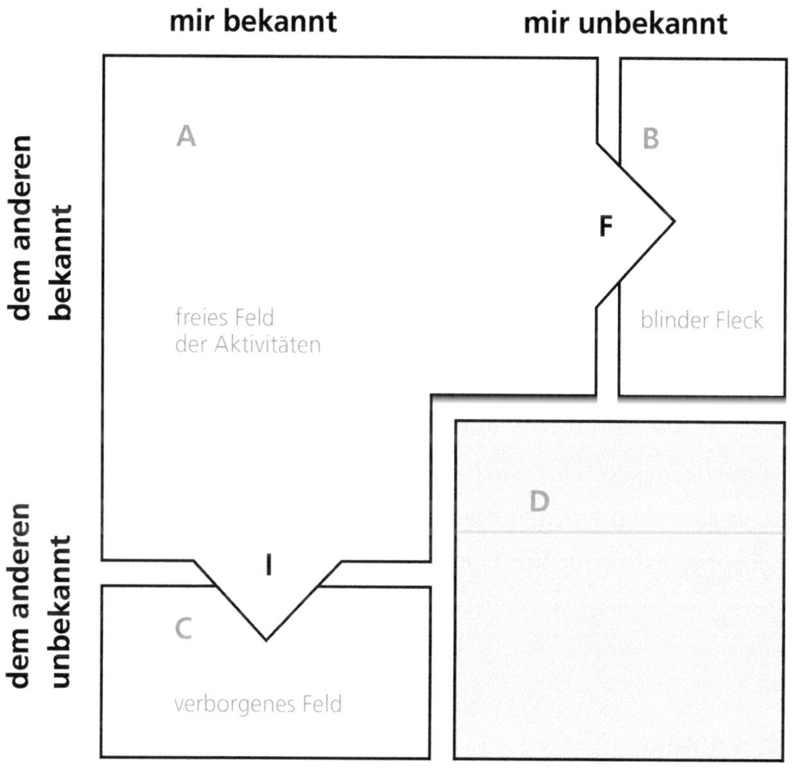

Abb. 2: Verkleinerung des blinden Flecks durch Feedback

Das Johari-Fenster wird in vielen Maßnahmen zur *Team- und Organisationsentwicklung* eingesetzt, deren Ziel in erster Linie die Steigerung der sozialen Kompetenzen ist. Feld D wird hierbei nicht bearbeitet. Feld A soll erweitert und Feld B und C sollen verringert werden. Wenn beispielsweise Feld C groß, A klein ist, so ist dies typisch für eine Gruppe, die erst seit kurzer Zeit zusammenarbeitet.

Der Bereich C kann nur durch Informationen (Pfeil I) über die Person oder von ihr selbst abgebaut werden. Die Fähigkeit, anderen Menschen Informationen über die eigene Person geben zu können, bezeichnet man als *Vertrauen.* Der Bereich des blinden Flecks (B) kann nur abgebaut werden, wenn Menschen nicht nur lernen, über sich selbst zu sprechen, sondern auch bemüht sind, die Meinung anderer einzuholen, also aktiv nach Feedback zu suchen. Informationen geben und einholen sind die einzig wirksamen Verhaltensweisen, um den Bereich des freien Handelns (A) im sozialen Raum zu vergrößern. Durch Feedback wird der blinde Fleck also kleiner und der Bereich der öffentlichen Aktivität größer (Pfeil F).

Das Johari-Fenster besticht durch seine Einfachheit. Es ist empfehlenswert, dieses Modell Vorgesetzten und Mitarbeitern in Organisationen an die Hand zu geben, um das Ziel und den Gewinn durch Feedback deutlich werden zu lassen. Der Verkaufsleiter sollte dieses leicht verständliche Modell seinen Mitarbeitern vermitteln, um den Nutzen des Feedbacks beim Feldtraining für Verhaltensänderung und Persönlichkeitsentwicklung aufzuzeigen.

2.3.2 Feedbackregeln

Die kommunikationspsychologische Literatur hat ganze Listen von *Regeln* für das Geben, aber auch für das Empfangen von Feedback hervorgebracht. Die Zahl der Regeln ist bei den verschiedenen Autoren unterschiedlich, die Inhalte decken sich jedoch weitgehend. Sie sind durch jahrzehntelangen Einsatz in gruppendynamischen Trainings und gruppentherapeutischen Sitzungen in der Praxis erprobt und dienen dort den Beteiligten als Orientierungshilfe.

Checkliste: Regeln für den Feedbackgeber

zwanglos	Feedback ist ein Angebot, es sollte erwünscht sein und dem Empfänger nicht aufgedrängt oder aufgezwungen werden. Am besten ist es, wenn der Empfänger danach gefragt hat. Für den Empfänger besteht auch kein Zwang zur Verhaltensänderung, er entscheidet, was er annimmt und ändern will.
respektvoll	Feedback muss von gegenseitigem Respekt und von Vertrauen getragen sein. Es soll grundsätzlich umkehrbar sein und nicht hierarchisch geprägt.
vertraulich	Feedback sollte strikt vertraulich behandelt werden und aus der Dyade oder Gruppe nicht hinausgetragen werden.
beschreibend	Feedback sollte in der Ich-Form wahrgenommenes Verhalten beschreiben, anstatt Verhalten zu bewerten (Pauschalurteile, moralische Bewertungen, abwertende Klassifizierungen, Vorwürfe, Unterstellungen, Interpretation von Motiven, Aufstellen von Hypothesen). Im Anschluss an die Wahrnehmung des Verhaltens sollen Gefühle, die bei einem ausgelöst wurden, mitgeteilt werden.
spezifisch	Feedback sollte konkret sein, sollte sich auf eine spezifische Situation, auf konkrete Einzelheiten, auf ein Beispiel beziehen und klar und genau formuliert sein.
überprüfbar	Feedback sollte durch die Meinungen Dritter überprüft werden, indem man nach Möglichkeit andere anwesende Personen nach ihren Eindrücken fragt.
brauchbar	Feedback sollte für den Empfänger brauchbar sein, es sollte sich auf Verhaltensweisen beziehen, die der Empfänger ändern kann.
positiv	Es soll nicht nur Kritik (negatives Feedback), sondern auch und gerade Anerkennung (positives Feedback) geäußert werden.
direkt	Das Feedback soll direkt an den Adressaten persönlich und nicht über Dritte gegeben werden.
unmittelbar	Feedback sollte zur rechten Zeit gegeben werden. Es sollte nach Möglichkeit unmittelbar in der entsprechenden Situation und nicht verzögert oder rekonstruierend gegeben werden, da es umso wirksamer ist, je kürzer die Zeit zwischen dem betreffenden Verhalten und der Information über die Wirkung dieses Verhaltens ist. Für das Feldtraining bedeutet dies, dass die Auswertung sofort nach dem gemeinsamen Kundenbesuch erfolgen soll.

Abb. 3: Regeln für den Feedbackgeber

Die zahlreichen Regeln für den Feedbackgeber werden von einigen Regeln für den Feedbacknehmer ergänzt.

Checkliste: Regeln für den Feedbackempfänger

zuhören	Der Feedbackempfänger soll aufmerksam zuhören.
nachfragen	Der Feedbackempfänger soll nachfragen, wenn er etwas nicht verstanden hat und überprüfen, was er gehört hat, indem er es mit eigenen Worten umschreibt.
nicht verteidigen	Der Feedbackempfänger soll sich nicht rechtfertigen und verteidigen.
Reaktion mitteilen	Der Feedbackempfänger soll seine Reaktion über das Feedback mitteilen, soll sagen, ob er es hilfreich fand, wie er sich jetzt dem anderen gegenüber fühlt und sich für das Feedback bedanken.

Abb. 4: Regeln für den Feedbackempfänger

Feedbackgeben und -nehmen ist eine durchaus problematische Angelegenheit. Offenes Feedback ist in unserer Gesellschaft eher unüblich und viele Menschen fühlen sich beim Geben und Empfangen von Feedback unwohl. Feedback führt im täglichen Leben oft zu Erlebnissen, die Beziehungen zwischen Interaktionspartnern erschüttern. Der Mensch lernt daher, den „Mund zu halten". Wir teilen anderen die Wirkung auf uns nicht mehr mit. Insbesondere dann, wenn ihr Verhalten bei uns ‚negative' Gefühle auslöst, deuten wir unsere Gefühle und Meinungen nur versteckt an und behalten uns damit vor, uns von dem unterschwelligen Inhalt unserer Aussagen zu distanzieren.

Gerade im Arbeitsleben ist Feedback daher eine sehr empfindliche, schwierige Sache. Die Mitarbeiter suchen zwar nach Feedback, haben aber oft Angst, danach zu fragen, weil es negativ sein könnte.

Sie ziehen es daher vor, lieber gar nicht zu wissen, wo sie stehen und was andere über sie denken, als eine schmerzliche Information darüber zu bekommen, selbst wenn diese für sie hilfreich wäre.

Um diese Ablehnung zu vermeiden, muss der Verkaufsleiter vor allem bei Einführung und zu Beginn des Feldtrainings seine Mitarbeiter ausführlich über Ziele, Sinn, Ablauf, Methodik, Beobachtungskriterien, Feedback und Feedbackregeln informieren und ihnen vor allem deutlich machen, welchen Nutzen für die Persönlichkeitsentwicklung sie daraus ziehen können.

3 Gestaltung erfolgreicher Verkäuferbesprechungen

Eine wichtige Vorbereitung aller Verkaufsaktivitäten und des nachfolgenden Feldtrainings findet in *Verkäuferbesprechungen* statt. Aktuelle Zielsetzungen, neue Aufgaben und Maßnahmen werden in diesen Veranstaltungen dem gesamten Verkaufsteam vorgestellt, diskutiert und trainiert. Die Verkäufer sind die ersten Kunden des Unternehmens. Sie müssen vom Verkaufsleiter mit Feuer und Herzblut informiert, motiviert und überzeugt werden. Wissen, Können und Wollen der Mitarbeiter sollte nach einer solchen Tagung auf einem möglichst einheitlich hohen Stand sein. Deshalb sind Verkäuferbesprechungen ein wichtiges Führungsmittel im Vertrieb.

Die Information muss durchgängig von den Marketing- und Vertriebsleitungen über die Verkaufsleiter bis hin zu den Verkäufern erfolgen. Gefordert wird dabei heute auf allen Ebenen ein partnerschaftlich *kooperativer Besprechungsstil*, der eine weitgehende Mitbeteiligung und Mitgestaltung der Mitarbeiter zulässt. Nur dadurch wird die erforderliche Identifikation mit den Zielen, Aufgaben und Maßnahmen geschaffen.

In der Praxis haben sich drei Arten von typischen Verkäuferbesprechungen herausgestellt, die nachfolgend dargestellt werden.

3.1 Die Einführungsbesprechung

Sie dient der Vorstellung und Präsentation *neuer Verkaufsmaßnahmen*. Diese Besprechung muss deshalb vor allen neuen Maßnahmen, Produkteinführungen, Verkaufsaktionen, Neukundengewinnung usw. durchgeführt werden.

3.2 Die Auswertungsbesprechung

Diese wird während einer *laufenden Verkaufsmaßnahme* angesetzt. Ziel ist die Auswertung der gemachten Praxiserfahrungen und eine erneute Stimulierung der Leistungen.

Der Termin einer Auswertungsbesprechung muss deshalb so gewählt werden, dass bereits Erfahrungen auf breiter Basis vorliegen, aber in jedem Fall noch Korrekturen und Verbesserungen der Verkaufstaktik möglich sind. Läuft eine Kampagne beispielsweise acht Wochen, wäre nach zwei bis drei Wochen ein günstiger Zeitpunkt für eine Auswertungsbesprechung mit dem gesamten Team.

Bis zur Ansetzung einer Auswertungsbesprechung muss der Verkaufsleiter selbst Erfahrung in der Verkaufspraxis gesammelt haben. Er muss wissen, was bei den neuen Verkaufsmaßnahmen gut läuft, wie die Kundenreaktionen sind und wo es Schwierigkeiten gibt. Es ist also zu empfehlen, neben den unbedingt notwendigen eigenen Besuchen mit Kundengesprächen gleich nach Beginn der Verkaufsaktivität mit den Verkäufern verstärkt zu kommunizieren und zusammen zu arbeiten. Unterbleibt diese eigene Information und das Praxiserlebnis, kann es sein, dass dem Verkaufsleiter von seinen Mitarbeitern später in einer „Märchenstunde“ ein X für ein U vorgemacht wird.

3.3 Die Problemlösungsbesprechung

Sie ist immer dann erforderlich, wenn Praxisprobleme ohne Hilfestellung von den Verkäufern nicht selbst gelöst werden können. Diese Aussprache erfolgt häufig spontan und kann auch nur mit einem Teil der Mitarbeiter durchgeführt werden. Selbstverständlich kann und muss das Lösen von aktuellen Problemen auch in alle anderen Besprechungen eingebaut werden.

3.4 Tipps zur Vorbereitung aller Verkäuferbesprechungen

Folgende Tipps sind für alle vorgenannten Arten der Verkäuferbesprechung nützlich:

- Besprechungsziele festlegen
- Themen und Inhalte bestimmen
- Zeitbedarf überlegen
- Zeitplan aufstellen
- Detailliertes Besprechungsprogramm erarbeiten
- Übersichtliches Manuskript/Ablaufplan anfertigen
- Das Vorwissen und die Einstellung der Gruppe zu den Themen, Inhalten und Maßnahmen ermitteln
- Auf Teilnehmerfragen, Diskussion und dabei besonders auf zu erwartende Vorbehalte und Schwierigkeiten vorbereiten
- Methoden und Medien zur wirkungsvollen Darbietung überlegen

_ Unterlagen und Handouts erstellen

_ Tagungsort und Tagungsraum wählen

_ Technische Hilfsmittel und Demonstrationsmaterial organisieren

_ Motivierendes Einladungsschreiben mit Zeitplan, Vorinformation über die Themen und eventuell notwendige Vorbereitungsaufgaben der Verkäufer formulieren und zeitgerecht an die Teilnehmer versenden

3.5 Aufgaben des Leiters bei allen Verkäuferbesprechungen

Die Aufgaben des Verkaufsleiters bei den Verkäuferbesprechungen können wie folgt charakterisiert werden:

_ In die Themen einführen, Themen abgrenzen, Interesse für Themeninhalte schaffen

_ Teilnehmer durch Fragen und Aktivierungstechniken zum offenen Meinungsaustausch führen (Zur Erinnerung: Die Methode des richtigen Fragens und Aktivierens, siehe Seiten 27ff)

_ Teilnehmer frei diskutieren lassen und eigene Meinung zurückhalten

_ Beiträge sachlich zur Kenntnis nehmen – nicht bewerten und kritisieren

_ Kontrolle des Zeit- und Programmablaufs

_ Verstehen der Themen kontrollieren – unklare Äußerungen klären

_ Kontrolle der Zielerfüllung

_ Reaktionen und Prozesse in der Gruppe beobachten

_ Auf gleichmäßige Beteiligung achten. Zurückhaltende Teilnehmer zum Mitmachen animieren

_ Interesse wachhalten durch häufigen Tempo-, Methoden- und Ablaufwechsel

_ Gruppe so oft wie möglich mitarbeiten lassen

_ Für Praxisbezug sorgen – Anwendungsbeispiele, Anwendungshilfen geben

_ Ergebnisse formulieren und zusammenfassen

_ Verbindliche Aufträge und Anweisungen erteilen

3.6 Häufige Fehler bei Verkäuferbesprechungen

Häufige Fehler, die bei allen Verkäuferbesprechungen vermieden werden sollten sind:

_ Ungenügende Vorbereitung – mangelhafte Organisation

_ Ungenaue Zielsetzung

_ Am Thema wird vorbei geredet

_ Fehlende Kontrolle des Zeitplans und der Zielerfüllung

_ Mangelndes Führungsverhalten des Leiters

_ Disziplinlosigkeit der Teilnehmer

_ Autoritäres Verhalten des Leiters

_ Die Teilnehmer werden nicht aktiviert

_ Es werden Scheindiskussionen geführt, um ein gewünschtes Ergebnis zu erreichen

_ Gruppenprozesse werden nicht erkannt und nicht berücksichtigt

_ Kein Herausarbeiten klarer Ergebnisse

_ Ergebnisprotokoll wird nicht erstellt

_ Fehlende Erfolgskontrolle

Bei Verkäuferbesprechungen führt die Einbahnstraße fast immer in eine Sackgasse. Erfolg bringt nur ein lebendiger Gedankenaustausch im Zweirichtungsverkehr.

3.7 Tipps zur Wirkungssteigerung bei Verkäuferbesprechungen

Für die Gestaltung aller Arten von Verkäuferbesprechungen sollten folgende Hinweise berücksichtigt werden:

_ Aktivierungstechniken anwenden (Diskussion, Lehrgespräch, Moderationsmethode, Partnerinterview, Gruppenarbeit, Brainstorming, Brainwriting, Fallstudienarbeit, Rollenspiele, Podiumsdiskussion)

_ Audio-visuelle Hilfsmittel einsetzen (Beamer, Pinnwände, Flipcharts, Ton-, Bild- sowie Videoaufzeichnungen)

_ Mitarbeiter präsentieren und moderieren lassen

_ Teilnehmer gestalten Berichte und Referate

_ Teilnehmer werten Fachzeitschriften aus

_ Experten berichten

_ Abteilungen stellen sich vor

_ Erarbeiten von Argumentations- und Einwand/Antwort-Sammlungen

_ Wettbewerbe durchführen

_ Rhetorische Übungen und Wortspiele

_ Mit Kreativitätstechniken arbeiten (Spiele, Gruppenübungen, Malen, Dichten, Gestalten, Pantomime, Aufführung von Sketchen, Phantasiereisen usw.)

Die *Erfolgschancen* bei allen Verkäuferbesprechungen werden erhöht, wenn die Veranstaltung nicht langweilig und tierisch ernst durchgeführt wird. Eine heitere, lockere, Atmosphäre erhöht die Bereitschaft zur aktiven Mitarbeit. Lernstoff, der mit angenehmen Assoziationen verbunden ist, wird besser gespeichert. An positive Erlebnisse erinnert man sich gerne und häufiger. Was Freude und Spaß gemacht hat, wird ausprobiert!

3.8 Systematischer Ablauf und erfolgreiche Durchführung der Einführungsbesprechung

Die Einführungsbesprechung einer neuen Aktion könnte beispielsweise nachstehender Agenda folgen:

_ Begrüßung/Einleitung

_ Zeitplan/Organisatorisches

_ Kurze Rückschau: Erläuterung des Ist-Standes und der aktuellen Zielerreichung

_ Information über die neuen Zielsetzungen, Notwendigkeit und Chancen der geplanten Maßnahmen

_ Vorstellung/Darstellung der neuen Verkaufsaktivitäten

_ Präsentation aller vertrieblichen Aufgaben, Produktneuheiten und Aktionsideen, Unterlagen, Werbe- und Verkaufsförderungsmaterialien usw.

_ Auswahl der zu bearbeitenden Kundenzielgruppen – Festlegen der Prioritäten

_ Aufzeigen der Wettbewerbsituation und Herausarbeiten von Alleinstellungsmerkmalen der eigenen Firma und des Angebots

_ Information über den Konditionsrahmen

_ Intensive Diskussion aller vorgestellten Ziele, Verkaufsmaßnahmen und Rahmenbedingungen

_ Gemeinsames Festlegen des bestmöglichen Vorgehens und der Angebotsstrategie

_ Erarbeiten der gesamten Argumentationssubstanz für die Verkaufsgespräche, dies sind unter anderem:
  _ Gesprächsaufhänger/Gesprächseröffnungen
  _ Möglichkeiten für eine aufmerksamkeitsstarke Angebotspräsentation
  _ Vorteil- und Nutzenargumente
  _ Kundeneinwände und deren Beantwortung
  _ Einsatz von Werbe- und Verkaufsunterstützung, Demonstrationsmitteln und Abverkaufshilfen
  _ Argumente, die eine rasche Kaufentscheidung fördern

_ Simulation/Training der Verkaufsgespräche in verschiedenster Form zum Beispiel Erarbeiten von Gesprächsskripts, Partnerübungen, Kleingruppentraining, Gesprächsaufzeichnungen mit Audiorekorder, Argumentations-/Einwandtraining, Fallstudien, Rollenspiele mit Videoaufzeichnungen und verkaufsfachlicher Auswertung usw.) Hierbei gilt: *Üben, Üben und nochmals Üben. Das Verkaufsgespräch muss sitzen!*

_ Klären und Besprechen noch offener Fragen

_ Verabschieden des gemeinsam erarbeiteten Konzepts des Ablaufs und der Durchführung der Verkaufsaktivitäten

_ Zündende Zusammenfassung/Aktivierender Schlussappell

Bei der Einführungsbesprechung liegt der Schwerpunkt der Aktivitäten beim Verkaufsleiter: Er muss sein Verkaufsteam umfassend informieren, für die Erfüllung der neuen Aufgaben motivieren, fit machen und begeistern.

„*In dir muss brennen, was du in anderen entzünden willst!*“ Wenn im Sinne dieses Zitats das Feuer der Begeisterung, Erfolgswille und der Wunsch des Vollbringens bei den Verkäufern entfacht wurde, dann hat der Verkaufsleiter seine Aufgaben in der Einführungsbesprechung bestens erfüllt.

3.9 Systematischer Ablauf und erfolgreiche Durchführung der Auswertungsbesprechung

Für eine erfolgreiche Auswertungsbesprechung empfiehlt sich folgendes Vorgehen:

_ Begrüßung/Einleitung

_ Zeitplan/Organisatorisches

_ Ausführliche Rückschau: Information über erreichte Ergebnisse des gesamten Teams und der einzelnen Mitarbeiter

_ Durch gründliches Durchleuchten der Ergebnisse, der Zielerreichung und des Zahlenmaterials den Erfahrungsaustausch ankurbeln

_ Praxisberichte der Verkäufer

_ Diskussion der Erfahrungen, Herausarbeiten, Festhalten und sichtbares Visualisieren der positiven Ergebnisse und Erlebnisse sowie der aufgetretenen Probleme

_ Hierbei ist die Moderationsmethode mit Kartenabfrage gut geeignet, weil sie aktiviert, alle Mitarbeiter beteiligt und automatisch visualisiert.

_ Die gesammelten Ergebnisse können dabei übersichtlich geordnet, gewichtet und durch Punktabgabe bewertet werden.

_ Alle positiven Aspekte und Tendenzen beleuchten und verstärken

_ Für die aktuellen Probleme Lösungen erarbeiten

_ Gruppenarbeiten sind eine wirkungsvolle Methode, um alle Beteiligten an den Erarbeitungen zu beteiligen, sämtliche Praxiserfahrungen zu sammeln und das gesamte Potenzial der Gruppe für die Problemlösungen zu aktivieren und zu nutzen.

_ Präsentation und umfassende Diskussion der gefundenen Lösungsvorschläge. Dabei soll eine Bestätigung oder Verbesserung der Einstellung, ein Abbau von eventuell aufgetretenen Spannungen, die Verstärkung oder Korrektur der Verkaufstaktik und eine Überprüfung der Argumentation erfolgen, Außerdem müssen Möglichkeiten zur Überwindung der berichteten Schwierigkeiten erarbeitet werden.

_ Gemeinsame Verabschiedung eines überarbeiteten Konzepts zum Vorgehen.

_ Dem Stil der Auswertungsbesprechung entspricht es, wenn die Zusammenfassung durch Statements der Teilnehmer erfolgt.

Bei der Auswertungsbesprechung soll der Schwerpunkt der Aktivitäten bei den *Teilnehmern* liegen. Der Besprechungsleiter ist in erster Linie Steuermann, Moderator und gelegentlicher Impulsgeber. Der Erfolg einer Auswertungsbesprechung ist umso größer, je mehr es dem Verkaufsleiter gelingt, „die Betroffenen zu Beteiligten zu machen".

3.10 Systematischer Ablauf und erfolgreiche Durchführung der Problemlösungsbesprechung

Eine Problemlösungsbesprechung kann sich beispielsweise an folgendem Ablauf orientieren:

_ Begrüßung/Einleitung

_ Zeitplan/Organisatorisches

_ Berichte und Darstellung der aufgetretenen Probleme

_ Kontrolle, ob alle Teilnehmer den Problemschilderungen zustimmen, sie akzeptieren und als wichtig ansehen.

_ Gemeinsames Erarbeiten von Vorschlägen zur Problemlösung

_ Präsentation der Erarbeitungen

_ Diskussion über Pro und Contra der präsentierten Lösungsvorschläge

_ Bei der Bewertung der Lösungsvorschläge haben sich folgende Kriterien bewährt:
  _ Sofort zu verwirklichen
  _ In absehbarer Zeit zu verwirklichen
  _ Nicht zu verwirklichen

_ Gemeinsames Verabschieden der erarbeiteten Problemlösungen

Wichtig für das Gelingen einer Problemlösungsbesprechung ist es, die Erarbeitung und Präsentation der Lösungsvorschläge im Ablauf von der anschließenden *Diskussion und Bewertung* zu trennen. Bei spontanen Stellungnahmen zu den einzelnen Beiträgen besteht die Gefahr, dass diese zerredet werden. Also zunächst die Sammlung aller Vorschläge und die Präsentation abschließen. Erst danach mit der Diskussion und Bewertung beginnen.

Neben der inhaltlichen Vorbereitung des Verkaufsteams in den Verkäuferbesprechungen müssen die Mitarbeiter für das Feldtraining aufgeschlossen und motiviert werden.

4 Voraussetzungen für die erfolgreiche Gestaltung von Feldtrainingsmaßnahmen

4.1 Klarheit über die Ziele des Feldtrainings

Grundsätzliche Voraussetzung für die Akzeptanz des Feldtrainings und die Motivation des Mitarbeiters ist, dass dieser genau weiß und versteht, welche Ziele mit dieser Führungs- und Trainingsmaßnahme erreicht werden sollen.

Geschäftspolitische Ziele wie zum Beispiel:

_ Die Erreichung der in den Zielfindungsgesprächen vereinbarten Ergebnisse

_ Erhöhung der Marktanteile bei ...

_ Einführung von ...

_ Steigerung des Umsatzes und Gewinns bei ...

_ Durchführung von einer überregionalen, zentralen Verkaufsaktion pro Quartal

_ Darüber hinaus Vereinbarung von individuellen Aktionen bei A-Kunden

_ Beteiligung an drei überregionalen Messen und Teilnahme an interessanten Hausmessen

_ Gewinnung von ... Neukunden usw.

Die persönlichen Ziele des Mitarbeiters, seine Wünsche und Erwartungen, besonders solche, die durch Weiterbildung und Training erfüllt werden können, sind zu erfragen und gemeinsam zu diskutieren.

Ziele des Vorgesetzten wie zum Beispiel:

- Anhebung des Leistungsstands beim Verkaufsteam

- Verbesserung des verkäuferischen Könnens der Mitarbeiter, vor allem in Bezug auf:
  - Einheitliche Anwendung erarbeiteter Verkaufsstrategien
  - Einführung neuer Produkte
  - Erhöhung des Auftragsvolumens pro Bestellung
  - Besseres Zeitmanagement, um vor allem das Besuchssoll zu erreichen
  - Verbesserung der Vorteil- und Nutzenargumentation
  - Erhöhter und gezielter Einsatz von Verkaufshilfen
  - Konsequentere Konditions- und Preisgespräche, um mit einer größeren Zahl von Kunden Umsatzvereinbarungen abzuschließen
  - Professionellere Abschlusstechnik usw.

4.2 Motivation des/der Mitarbeiter für die Zusammenarbeit beim Feldtraining

Mit den Mitarbeitern muss, nachdem Übereinstimmung bei den Zielen erreicht wurde, über den Ablauf und die Besonderheiten des Feldtrainings diskutiert werden. Da diese Trainingsform eine enge persönliche Zusammenarbeit zwischen der Führungskraft und dem Mitarbeiter erfordert, ist in der Regel ein Einzelgespräch angemessener und wirkungsvoller.

Der Mitarbeiter sollte erkennen, dass Weiterbildung/Training und damit auch das Feldtraining ein selbstverständlicher, *unentbehrlicher Bestandteil der Führungstätigkeit und Führungsverantwortung* ist.

Um Verständnis in Einverständnis zu verwandeln, können Beispiele aus der Welt des Sports gute und verständliche Metaphern sein. Sicherlich wird der Hinweis, dass jeder Sportler, der seine Leistungen beibehalten oder steigern will, regelmäßig trainieren muss, akzeptiert. Dem Mitarbeiter sollte aufgezeigt werden, dass ein Teil der *Erfolgsursachen* dem Sportler bzw. Verkäufer als *persönliche Stärken* im Sinne eines Selbstbildes bekannt sind. Diese positiven Verhaltensweisen werden vom Feldtrainer bestätigt und verstärkt.

Doch manches Verhalten, besonders solches, welches zur selbstverständlichen Routine geworden ist, wird selbst nicht mehr wahrgenommen und läuft unbewusst ab. Diese Handlungen müssen von einem Partner/Trainer beobachtet, erkannt und wieder bewusst gemacht werden. Das Selbstbild wird also durch das Fremdbild ergänzt.

Erkannte Schwächen sollen ohne Bewertung sachlich aufgezeigt werden, zum Beispiel: „Haben Sie bemerkt, dass der Kunde mehrmals nachgefragt hat, weil er die Argumentation nicht verstanden hat? Was war Ihrer Meinung nach dafür die Ursache?“

Im Feedbackprozess werden alle Erkenntnisse verdeutlicht, besprochen und diskutiert. Dabei werden Anregungen gegeben, wie die Stärken ausgebaut und erfolgshemmendes Verhalten vermieden und abgebaut werden kann.

Für das, was gemeint ist und dem Mitarbeiter vermittelt werden sollte, ist der *Dialog zwischen Trainer und Spielern* in Pausen ein überzeugendes Beispiel, das fast jeder schon einmal als Zuschauer erlebt hat. Ganz intensiv und deutlich werden in kurzer Zeit eindrucksvoll Stärken und Schwächen verdeutlicht und erfolgversprechende Alternativen aufgezeigt.

Die Klarheit über die *Rolle des Vorgesetzten* ist ebenfalls wichtig. Der Mitarbeiter muss wissen, dass der Verkaufsleiter auch in seiner Funktion als Feldtrainer sein Vorgesetzter ist und bleibt. Dieses hierarchische Abhängigkeitsverhältnis darf keinesfalls aus zweckgerichteter, kumpelhafter Anbiederung verwässert oder gar in Frage gestellt werden. Unklarheiten, falsche Erwartungen und eine Erschwerung für das reibungslose Funktionieren des Vorgesetzten-Mitarbeiterverhältnisses wären die Folge.

Der *Sinn des Feldtrainings*, der dem Mitarbeiter als Vorteile für seine Persönlichkeitsentwicklung aufgezeigt werden sollte, ist also:

_ unentbehrliche, kontinuierliche Weiterbildung

_ regelmäßiges Training

_ Erkennen der persönlichen Stärken

_ Bestätigen und Verstärken der positiven Verhaltensweisen

_ Beobachten und Erkennen von unbewussten Routinehandlungen

_ sachliches Aufzeigen von Schwächen

_ Ansprache und Verdeutlichung aller Erkenntnisse im Feedbackprozess

_ Anregungen, wie die Stärken ausgebaut und die Schwächen eliminiert werden können

_ Aufzeigen von erfolgversprechenden Alternativen

_ Leistungssteigerung durch Anwenden, Ausprobieren und Üben der gewonnenen Erkenntnisse

Der Verkäufer ist dann für die Durchführung des Feldtrainings motiviert, wenn er selbst erkennt, dass ihm die Verhaltenshinweise der Führungskraft helfen, Ziele zu erreichen, Stärken und Schwächen zu erkennen, um dadurch sein verkäuferisches Verhalten ändern und verbessern zu können.

5 Durchführung des Feldtrainings

Nachdem mit dem Mitarbeiter an seiner positiven Einstellung zum Feldtraining gearbeitet und die Motivation dafür geschaffen und verstärkt wurde, ist jetzt eine sorgfältige Vorbereitung der Zusammenarbeit und der Begleittouren erforderlich.

Es ist notwendig, dass der Verkaufsleiter dem Verkäufer konkrete Aufgaben zur Vorbereitung der Zusammenarbeit stellt. Am besten ist es, wenn diese Vorbereitungsarbeiten in einer *Checkliste* schriftlich festgehalten und dem Verkäufer rechtzeitig mitgeteilt werden.

Folgende Hinweise geben Anregungen für die Übertragung solcher Aufgabenstellungen an den Mitarbeiter, die nach Firma und Branche entsprechend variiert werden müssen (um die Übertragbarkeit in die Praxis zu erleichtern, wird bei den nachfolgenden Beispielen in direkter Rede zur Ansprache des Mitarbeiters formuliert):

_ „Für unser Feldtraining habe ich die 16. Kalenderwoche und zwar Dienstag, den ... und Mittwoch, den ... vorgesehen. Sie haben also drei Wochen Zeit, die Vorbereitungen zu treffen und die Termine zu vereinbaren."

_ „Da in den nächsten acht Wochen die Einführung von ... im Mittelpunkt unserer Verkaufsarbeit steht, wollen wir uns auch bei unserer Zusammenarbeit im Feldtraining auf ... konzentrieren."

_ „Für die Besuche wählen Sie bitte eine entsprechende Anzahl von A-, B-, und C-Kunden aus. Darunter sollen auch Firmen sein, die wir als Neukunden gewinnen wollen."

_ „Unser Besuchssoll liegt bei sechs bis acht Besuchen pro Tag. Da wir bei unserer Zusammenarbeit alle Gespräche gründlich auswerten und besprechen wollen, werden wir pro Tag nur drei bis vier Besuche machen können. Wählen Sie also für die beiden Tage unserer Zusammenarbeit die entsprechende Zahl der Kunden plus einer Reserve aus, falls wir trotz vorheriger Terminvereinbarung Kunden oder gewünschte Gesprächspartner nicht antreffen."

_ „Bitte nehmen Sie für diese Besuche auch die entsprechende Zahl von Unterlagen und Werbemittel mit."

_ „Die Erfahrung hat gezeigt, dass zwei bis drei Tage gemeinsamer Kundenbesuche eine gute Zeit sind, um die Trainingsziele zu erreichen."

_ „Die Hälfte eines Tages sollte für Kundenkontakte, die andere für die gründliche Auswertung, Besprechung und Erarbeitung unserer Trainingsvereinbarungen aufgewendet werden. Bei Festlegung der Termine deshalb nach jedem Besuch ausreichend Zeit für gründliches Feedback, circa 45-60 Minuten, einplanen."

_ „Wie wir gemeinsam besprochen haben, soll unser gemeinsamer Besuch möglichst normal ablaufen. Der Kunde sollte nicht wissen, dass wir eine Trainingsmaßnahme durchführen. Weisen Sie bei der Terminvereinbarung lediglich kurz darauf hin, dass Sie Herr/Frau ... von der Zentrale/Stammhaus usw. begleiten wird."

_ „Wir sollten uns am ... um ... Uhr beim Chinesen am Marktplatz in ... treffen. Da wir dort schon waren, können wir uns nicht verfehlen."

_ „Die Auswahl des Reisegebietes und die rationelle Tourenplanung nehmen Sie selbst vor, teilen mir diese aber bis zum ... mit."

Bei der Übertragung der Kundenauswahl an den Verkäufer muss der Verkaufsleiter vorsichtig sein und prüfen, dass keine Wunschkunden ausgesucht werden und nicht auf „Umsatztrampelpfaden“ gearbeitet wird. Die Kundenauswahl muss ein repräsentatives, zutreffendes Bild der Situation des Verkaufsgebiets widerspiegeln. Durch die Forderung, auch die Neukundengewinnung in die Tourenplanung aufzunehmen, kann diesem „Vorführeffekt“ vorgebeugt werden.

Noch ein Tipp: Als günstig und motivierend hat es sich erwiesen, wenn ein Treffen am Vorabend des ersten Besuchstags stattfindet. Dann können die Tour, Besonderheiten und letzte Details in Ruhe besprochen werden. Klingt diese Vorbereitungsbesprechung mit einem gemeinsamen Abendessen aus, ist wirklich alles getan, um die Weichen für eine aufgeschlossene Zusammenarbeit richtig zu stellen.

Die oberste Priorität beim Feldtraining hat die *Entwicklung und Leistungsverbesserung* des Mitarbeiters. Das Erreichen von Abschlüssen bringt Erfolgserlebnisse, ist an Feldtrainingstagen jedoch nicht das vordringliche Ziel, sondern ein positiver, motivierender Nebeneffekt.

5.1 Erfolgsgrundsätze bei gemeinsamen Kundenbesuchen

Es wirkt sich günstig auf die Verhandlung aus, wenn diese Spielregeln mit dem zu begleitenden Mitarbeiter am Anfang der Zusammenarbeit, also vor dem ersten, gemeinsamen Kundenbesuch besprochen worden sind.

Das *abgestimmte Auftreten* von Verkäufer und Verkaufsleiter ist Voraussetzung des Erfolges. Deshalb sollten die Kundensituation, Erkenntnisse aus Vorgesprächen, die Gesprächspartner, ihre Zuständigkeiten und Mentalitäten, sowie die aktuelle Zielsetzung beim Kundenbesuch gründlich besprochen und geplant sein.

Verhandlungssteuerung heißt beim Begleitbesuch in erster Linie Verteilung der Aktivitäten im Gespräch. Dazu muss die Aufgabenverteilung in der Verhandlung geklärt werden. Deckt der Verkäufer schwerpunktmäßig den inhaltlichen, sachlichen Teil des Gesprächs ab, kann sich der Verkaufsleiter auf Ergänzungen, Verstärkungen und emotionale Impulse auf der Beziehungsebene konzentrieren.

Der Verkäufer hat die Aufgabe, den *ersten Kontakt* herzustellen und den Verkaufsleiter kurz in vereinbarter Form, zum Beispiel als Herrn/ Frau ... von der Zentrale, vorzustellen. Danach kann sich der Verkaufsleiter zunächst mit allgemeinen Bemerkungen (Smalltalk) ins Gespräch einbringen.

Alle Gesprächspartner – besonders auch der Kunde – sollen gleichmäßig und ausgewogen am Gespräch beteiligt sein. Schwerpunktmäßig führt der Verkäufer das Gespräch weiter und steuert es entsprechend dem geplanten Verhandlungsablauf. Der Verkäufer ist auch für alle Unterlagen, Werbemittel und Visualisierungshilfen verantwortlich.

Beim *Preis- und Konditionsgespräch* sollte der Verkaufsleiter bei Begleitbesuchen vor allem keinerlei Zugeständnisse machen, die über die Kompetenzen seines Mitarbeiters hinausgehen. Der Konditionsrahmen muss vorher besprochen sein und eingebettet in das Gesamtangebot präsentiert werden. Schneller und stärker kann der Verkäufer kaum demotiviert und degradiert werden als beim Verstoß gegen diese Regel: Konditionsvereinbarungen sind Aufgabe und Zuständigkeit des Verkäufers, der den Kunden betreut. Darüber hinaus besteht die Gefahr, dass der Kunde sich künftig verstärkt an den Verkaufsleiter direkt wendet, wenn er erlebt, dass sich ein solches Vorgehen für ihn lohnt.

Verkäufer und Verkaufsleiter werfen sich im Gespräch laufend die Bälle zu. Dabei achten sie darauf, dass sie sich nicht gegenseitig ins Wort fallen. Zum richtigen Zeitpunkt wird die Verhandlungsführung abgegeben. Dies kann elegant mit einer Frage erfolgen, wie zum Beispiel: „Herr/Frau ..., was meinen Sie dazu?“ Durch einen solchen Impuls in fragender Form können Verkaufsleiter oder Verkäufer elegant ins Gespräch einbezogen und die ausgewogene Gesprächsbeteiligung gesteuert werden.

Ein kritischer Punkt ist die Pannenhilfe, wenn ein Teilnehmer des Verhandlungsteams nicht weiterkommt oder sich das Gespräch festfährt. Diese Situation erfordert viel Fingerspitzengefühl, damit kein Ansehensverlust oder eine Blamage vor dem Kunden eintritt. Um dies zu vermeiden, sollten *keinerlei Widersprüche und Korrekturen* erfolgen. Lediglich Ergänzungen und Erweiterungen sind erlaubt. Auch hierzu wieder ein Beispiel: „Zu dem, was Herr/Frau ... gerade ausgeführt hat, kann noch ergänzend gesagt werden ...“

Zur Erinnerung: Oberstes Ziel des Feldtrainings ist die *Entwicklung und Leistungsverbesserung des Mitarbeiters*. Deshalb kann es für den Trainingserfolg förderlicher sein, einen Fehler einmal geschehen zu lassen und nicht ständig den „Retter“ zu spielen, um genau aus diesem Vorfall zu lernen. Allerdings erfordert das beim Verkaufsleiter, der in der Regel ein Vollblutverkäufer ist, enorme Disziplin, Überwindung und Selbstverleugnung.

Checkliste zur individuellen Gesprächsvorbereitung vor jedem Kundenbesuch

Wer ist unser Gesprächspartner?

Position

Einstellung

bisheriges Verhalten

Wer trifft die Entscheidungen?

unser Gesprächspartner

Vorgesetzte

ein Einkaufsgremium/Verband

Welches Angebot soll heute gemacht werden?

Produkte

Mengen

Welche Konditionen sollen geboten werden?

Listenpreis

Sonderkonditionen bei welchen Abnahmemengen und Bedingungen

evtl. geplante sonstige Vergütungen

Welchen Nutzen hat der Kunde von unserem Angebot?

wichtigste Vorteile

stärkste Argumente

bisheriges Verhalten

Welche Schwierigkeiten und Hindernisse sind zu erwarten?

Möglichkeiten und Argumente, um diese zu überwinden

Welche Unterlagen und Mittel sollen im Verkaufsgespräch eingesetzt werden?

Gibt es Möglichkeiten, die eine positive Entscheidung bzw. den Abschluss beschleunigen können?

Welcher Service und welche Verkaufsunterstützung kann dem Kunden angeboten werden?

Welche Zeit ist für das Gespräch eingeplant?

Gibt es Besonderheiten, die zu beachten sind?

____

____

Bestehen Wünsche, worauf bei Ihrer Gesprächsführung besonders geachtet werden soll?

____

____

Abb. 5: Checkliste zur individuellen Gesprächsvorbereitung vor jedem Kundenbesuch

5.2 Durchführung des Kundenbesuchs: Leitfaden für die Gesprächsführung

Damit der Verkäufer eine Linie für seine Gesprächsführung und die Gesprächssteuerung hat, muss er den Aufbau und Ablauf des Verkaufsgesprächs kennen. Diese Kenntnisse gehören zum Grundwissen eines Verkäufers und sollten in Basis-Verkaufsseminaren erlernt worden sein. Besteht hier eine Wissenslücke, wäre ein dringender Schulungsbedarf vorhanden.

Für die nachfolgende Auswertung der Gespräche ist es ebenfalls erforderlich, dass über diese Gesetzmäßigkeiten des *Verkaufsprozesses* zwischen Verkaufsleiter und Verkäufer Übereinstimmung besteht. Nachstehend wird ein praxisbewährter Leitfaden zur systematischen Führung eines Verkaufsgesprächs mit Unterpunkten dargestellt.

5.2.1 Aufbau und Ablauf des Verkaufsgesprächs

ERÖFFNUNGSPHASE

Begrüßung und Vorstellung/Stärkung der Beziehungsebene
Gesprächseinstieg durch Einsatz von Aufhängern
Zuhören und Kunden ausreden lassen
Einfühlen in den Kunden und seine Bedürfnisse
Ansprache von Motiven, Wünschen des Kunden
Detaillierte Bedarfsabklärung durch Fragen
Bedarfszusammenfassung und -bestätigung

ANGEBOTSPHASE

Aufbauen des Angebots auf den Bedarf
Logik der Argumentation für das Angebot
Visualisierung des Angebots und Beispielrechnungen
Vorteil- und Nutzenargumentation
Überzeugung des Kunden
Bewältigung von schwierigen Gesprächssituationen
Einwandbehandlung
Zusammenfassung des Angebots

ABSCHLUSSPHASE

Abschlusssignale erkennen und nutzen
Einleitung des Abschlusses
Kaufaufforderung
Bestätigung der Kaufentscheidung
Cross-Selling-Ansätze erkennen und Zusatzverkäufe nutzen
Zusammenfassung/Treffen konkreter Vereinbarungen
Angebot für Serviceleistungen und Verkaufsunterstützung nach Abschluss
Verabschiedung/Stärkung der Beziehungsebene

Abb. 6: Aufbau und Ablauf des Verkaufsgesprächs

Entsprechend der vereinbarten Ziele, der abgesprochenen Aufgabenverteilung und des Leitfadens zur systematischen Gesprächsführung wird der Kundenbesuch durchgeführt.

Besonders am Beginn des Feldtrainings und nach dem ersten gemeinsamen Kundenbesuch ist die Anspannung des Verkäufers hinsichtlich der Eindrücke und Schlussfolgerungen des Trainers besonders hoch. Um die Spannung abzubauen und die verständliche Neugier ein wenig zu stillen, sollte der Verkaufsleiter eine kurze, möglichst positive Bemerkung zum Ablauf des Gespräches machen.

Beispiele:

_ „Die Ziele, die wir uns vor dem Gespräch gesetzt haben, wurden angesprochen und zum Teil auch erreicht."

_ „Heute wurde eine wertvolle Vorarbeit für die Einführung von … geleistet."

_ „Das war ein kompliziertes Gespräch mit gutem Ergebnis."

5.3 Auswertung des Kundenbesuchs in der Bordsteinkonferenz

Für die Auswertung des Besuches suchen sich Verkaufsleiter und Verkäufer nun einen ruhigen Ort, an dem ungestört gesprochen und nicht mitgehört werden kann. Mit den Auswertungsbögen für Begleitbesuche Nummer 1a-1d wird nun gemeinsam der Besuch analysiert und ausgewertet.

5.3.1 Hinweise zur Bearbeitung des Auswertungsbogens 1a – Ablauf des Verkaufsgesprächs

Verkaufsleiter und Verkäufer lassen zunächst das gesamte Gespräch Revue passieren. Dabei ist es günstig, wenn der Verkäufer zunächst seine Eindrücke schildert. Der Verkaufsleiter ergänzt durch seine Beobachtungen und Empfindungen, dabei notiert er wichtige Aussagen und Eindrücke.

Hierzu gleich einige Empfehlungen, die für die gesamten Gesprächsauswertungen wichtig sind und die Wirkung, Annahme und Umsetzung der Trainingsergebnisse fördern:

Erkenntnisse, die der Trainee selbst gewinnt, wirken stärker als Ratschläge, die ihm vom Trainer übergestülpt werden. Sie kennen den Satz: *Auch Ratschläge sind Schläge!* Aus diesem Grunde ist es didaktisch beim gesamten Feedback wirkungsvoller, zunächst den Betroffenen selbst, also den begleiteten Verkäufer zu Wort kommen zu lassen. Der Verkaufsleiter sollte erst danach seine Eindrücke, Ergänzungen und eventuell abweichende Meinungen äußern.

Wenn der Verkaufsleiter während des Gesprächs schriftliche Notizen gemacht hat, sollte der Mitarbeiter wissen, was sein Vorgesetzter notiert hat. Eine laute Wiederholung des Geschriebenen fördert also das Vertrauen und vermeidet Missverständnisse.

Der Trainee sollte ermuntert werden, bei Kommentaren des Trainers nachzufragen. Kontrollfragen vom Trainer, wie zum Beispiel:

- „Sehen Sie das auch so?“
- „Können Sie das so nachvollziehen?“
- „Haben Sie selbst ähnliche Erfahrungen gemacht?“

sichern das Verständnis, erleichtern die Akzeptanz und machen den Betroffenen im Sinne des partnerschaftlichen Feldtrainings zum Beteiligten.

Auswertungsbogen für Begleitbesuche

Mitarbeiter: Termin/Datum:

Beobachteter Ablauf eines Verkaufsgesprächs

Abb. 7: Auswertungsbogen 1a

5.3.2 Hinweise zur Bearbeitung des Auswertungsbogens 1b – Phasen des Verkaufsgesprächs

Falls sich in den einzelnen Phasen des Verkaufsgesprächs noch Beobachtungen, Besonderheiten und weitere Erkenntnisse ergeben haben, die besprochen werden sollten, kann diese detaillierte Auswertung entsprechend den Phasen des Gesprächsablaufs erfolgen:

_ Eröffnungsphase

_ Angebotsphase

_ Abschlussphase

Auswertungsbogen für Begleitbesuche

Eröffnungsphase

Angebotsphase

Abschlussphase

Abb. 8: Auswertungsbogen 1b

5.3.3 Hinweise zur Bearbeitung des Auswertungsbogens 1c – Stärken und Entwicklungsmöglichkeiten

Auf diesem Bogen werden die beim Trainee beobachteten Stärken und Entwicklungsmöglichkeiten gemeinsam herausgearbeitet. Auch bei dieser Analyse ist es wirkungsvoller, wenn der Mitarbeiter zunächst selbst seine Stärken und Schwächen nennt, die er im Verlauf des Verkaufsgesprächs empfunden hat.

Viele Verkäufer haben eine selbstkritische Einstellung, aus diesem Grund unterschätzen sie ihre Stärken und überschätzen ihre Schwächen. Dem Feldtrainer bietet sich dadurch die Chance, die vom Mitarbeiter selbst erkannten Stärken durch zusätzliche Wahrnehmungen vertiefen zu können. Diese Anerkennung motiviert und animiert zur Wiederholung der bestätigten Verhaltensweisen. Empfehlungen zur Überwindung der Schwächen sind ebenfalls leichter zu geben und werden besser angenommen, wenn die Gesprächsteile, die verbessert werden sollen, vorher selbst erkannt wurden.

Auswertungsbogen für Begleitbesuche

Stärken	Entwicklungschancen

Abb. 9: Auswertungsbogen 1c

5.3.4 Hinweise zur Bearbeitung des Auswertungsbogens 1d – Organisatorische Rahmenbedingungen und Trainingsvereinbarungen

ORGANISATORISCHE RAHMENBEDINGUNGEN

Hier werden die funktionierenden oder verbesserungsbedürftigen Ergebnisse, wie Vorbereitung, Kundenauswahl, Zeitplanung, die tatsächliche Dauer des Gesprächs, Ausrüstung, Unterlagen usw. besprochen.

TRAININGSVEREINBARUNGEN

Mit dem Mitarbeiter sind dann die Verhaltensweisen, auf die künftig verstärkt geachtet werden soll, konkret herauszuarbeiten und schriftlich festzuhalten. In den Trainingsvereinbarungen wird festgelegt, was zu verbessern und zu üben ist. Es ist zu empfehlen, sich dabei auf die wichtigen und umsetzbaren Schwerpunkte zu konzentrieren.

Auch hier wieder Beispiele:

- „Bitte achten Sie in der nächsten Zeit auf Ihr Sprechtempo, sprechen Sie etwas langsamer, legen Sie bewusst Pausen ein und geben Sie Ihrem Gesprächspartner kurze Zeit zum Nachdenken, ehe Sie weiter argumentieren."

- „Wir haben besprochen, dass Sie bei der Vorteil- und Nutzenargumentation in den nächsten Wochen nach der Information mit der Schlussfolgerungstechnik
    - das bedeutet für Sie ...
    - damit erreichen Sie ...
    - davon haben Sie ...
    - das bringt Ihnen ...

  die Vorteile für Ihren Kunden ganz bewusst ableiten."

- „Wir waren uns darüber einig, dass Aussagen wie
  - Könnten wir vielleicht ...?
  - Sind Sie entschlossen, ...?
  - Wären Sie bereit, ...?
  - Glauben Sie nicht auch, dass ...?
  - Es wäre auch möglich, dass ...?

  zwar höflich klingen, aber das Argument sofort wieder in Frage stellen und die Überzeugungskraft schwächen."

- „Zur Übung formulieren Sie bitte die vorstehenden negativen Beispiele so um, dass sie sicherer und überzeugender wirken."

- „Denken Sie als ein Ergebnis unserer Zusammenarbeit daran, diese ‚Weichmacher' zu vermeiden und durch Formulierungen zu ersetzen, die überzeugend wirken und dem Kunden ein Gefühl der Sicherheit geben."

- „Ich schlage Ihnen auch vor, dass wir Sie zu einem Rhetorik-Seminar anmelden. Dort werden Sprache, Sprechweise, Pausentechnik, Sicherheit und Überzeugungskraft in der Argumentation ganz intensiv trainiert."

WICHTIGER TIPP

Selbst wenn sich der Mitarbeiter eigene Notizen macht, muss die Gewähr dafür gegeben sein, dass die Ergebnisse des Auswertungsgesprächs und vor allem die Trainingsvereinbarungen korrekt und nachvollziehbar festgehalten sind. Um hier sicher zu sein, sollten ihm die schriftlich festgehaltenen Ergebnisse übergeben werden.

Dies wird an Ort und Stelle während der Bordsteinkonferenz und aus Zeitgründen oft nicht möglich sein. Der Feldtrainer wird die Ergebnisse seinem Trainee deshalb zusenden müssen. Dies bringt den weiteren Vorteil, dass durch die Zusendung eine Erinnerung und ein weiterer Lernanstoß gegeben werden kann.

Auswertungsbogen für Begleitbesuche

Organisatorische Rahmenbedingungen

Vereinbarungen

Abb. 10: Auswertungsbogen 1d

Das nächste Beobachtungsinstrument baut auf dem praxisbewährten Modell der ganzheitlichen Kommunikation auf. Um damit arbeiten zu können, muss das Modell zunächst vorgestellt und die Anwendung beherrscht werden.

5.4 Modell der ganzheitlichen Kommunikation

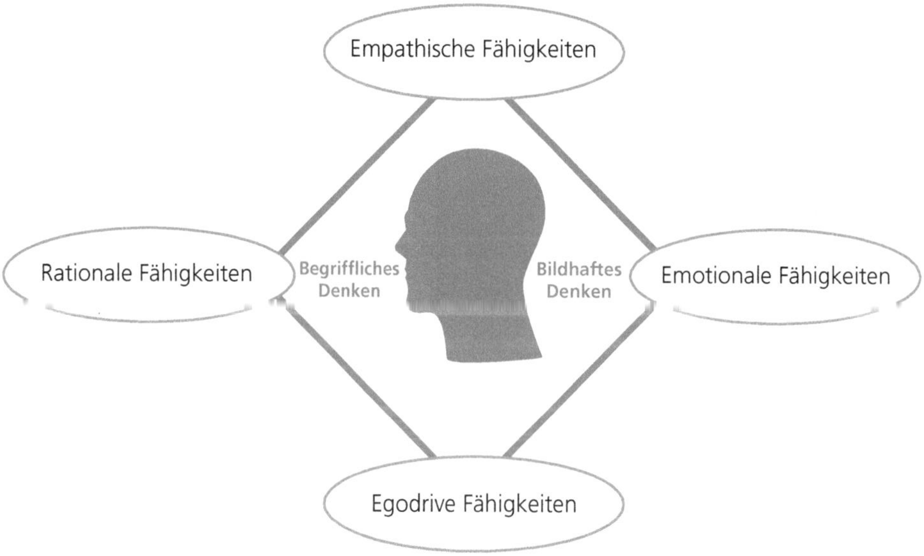

Abb. 11: Modell der ganzheitlichen Kommunikation

Kommunikation lässt sich aus der Sicht nachstehender vier Bereiche analysieren und beurteilen:

Empathie	=	Einfühlungsvermögen sowie die Fähigkeit zum Umgang mit Menschen
Egodrive	=	Durchsetzungsvermögen und innerer Antrieb
Emotion	=	Gefühlsmäßiger Bereich
Ratio	=	Verstandesmäßiger Bereich

Ein guter *Kommunikator* sollte alle Bereiche möglichst gleich stark ausgeprägt besitzen und er sollte sie in der Verkaufssituation bewusst und gezielt einsetzen können.

Ein mit allen Fähigkeiten *gleichmäßig begabter Verkäufer* ist kaum anzutreffen. Jeder hat seine individuellen Schwerpunkte, also Stärken, und hat Bereiche, die weniger ausgeprägt sind. Diese individuelle Verteilung gilt es zu erkennen und die Chancen, die sich daraus ergeben, zu nutzen.

Hinzu kommt, dass die Fähigkeitsbereiche *gegensätzlich* sind. Das heißt, ein Verkäufer, der eine ausgeprägte Empathie hat, wird in sehr starkem Maße dazu neigen, auf die Wünsche seiner Kunden einzugehen. Durchsetzung dagegen wird ihm schwer fallen. Eine Persönlichkeit mit hohem Egodrive kann sich durchsetzen. Es besteht jedoch die Gefahr, dass Bedürfnisse und sensible Signale des Gesprächspartners nicht wahrgenommen und übergangen werden.

5.4.1 Ausführlichere Erläuterung der vier Bereiche

EMPATHIE

_ Aktives Zuhören

_ Einfühlung in den Kunden und seine Bedürfnisse

_ Partnerbezogene Formulierungen

_ Einsatz von Körpersprache – nonverbale Kommunikation

_ Wahrnehmen der Kundensituation und des Umfeldes

EGODRIVE

_ Zielgerichtete, aktive Gesprächsführung

_ Durchsetzungsvermögen

_ Nachdruck in der Argumentation – Überzeugung des Kunden

_ Bewältigung von schwierigen Gesprächssituationen

_ Innerer Antrieb – dynamisches Auftreten

EMOTION

_ Schaffen einer angenehmen Gesprächsatmosphäre

_ Kontaktaufnahme – Stärkung der Beziehungsebene

_ Blickkontakt

_ Auflockerung des Gesprächs

_ Ansprache von Bedürfnissen, Wünschen und gefühlsmäßigen Motiven

RATIO

_ Problemanalyse

_ Logik in der Argumentation

_ Beweise mit Fakten und Zahlen

_ Ableiten konkreter Schlussfolgerungen

_ Entwicklung und Darstellung von Problemlösungen

Nachstehend ist die Möglichkeit zur Selbsteinschätzung gegeben. Dadurch sind die eigenen Stärken zu erkennen, aber auch die weniger ausgeprägten und entwickelten Bereiche. Die Wirkung der Selbsterkenntnis kann noch gesteigert werden, wenn eine andere Persönlichkeit diese Einschätzung im Sinne eines Fremdbildes noch zusätzlich vornimmt.

5.4.2 Selbsteinschätzung – Gelegenheit und Aufforderung zum persönlichen Test

Bitte überlegen Sie zunächst, wie stark die Fähigkeit jeweils bei Ihnen ausgeprägt ist. Danach zeichnen Sie bitte auf den einzelnen Bewertungsskalen die Ausprägung der jeweiligen Fähigkeit ein, wobei 0 den geringsten Wert und 20 den höchsten Wert darstellt. Sie können danach noch die Werte auf den einzelnen Bewertungsskalen miteinander verbinden. Dadurch ergibt sich ein optisches Bild der Verteilung.

Abb. 12: Bewertungsskalen

Es kann jetzt deutlich erkannt werden, welche Bereiche stark und welche weniger stark ausgeprägt sind.

EIN TIPP

Bitte durchdenken Sie, welche Chancen und Defizite sich durch die Ausprägung der einzelnen Bereiche ergeben. Versuchen Sie zu erkennen, welche Probleme sich aus der übertriebenen Anwendung von Stärken ergeben können. Genauso kommt es darauf an, Defizite aus zu schwach ausgeprägten Bereichen auszugleichen.

Nachdem das *Modell der ganzheitlichen Kommunikation* ausführlich dargestellt wurde, kann damit die Auswertung von gemeinsamen Kundenbesuchen durchgeführt werden.

5.4.3 Auswertungsbögen mit Kriterien des Modells der ganzheitlichen Kommunikation

HINWEISE ZUR BEARBEITUNG DES AUSWERTUNGSBOGENS 2A

Nach erfolgtem Kundenbesuch besprechen Sie jetzt mit dem Mitarbeiter die Ausprägung der einzelnen Kriterien und kreuzen den Ausprägungsgrad zwischen 1 und 5 an.

Besteht bei der Bewertung eine *Differenz* zwischen der Beurteilung des Feldtrainers und der des Trainees, ist diese auszudiskutieren.

Dafür ein Beispiel:

Aus der Sicht des Verkäufers verdiente der Bereich der „Vorteil- und Nutzenargumentation“ eine hohe Bewertung, der Verkaufsleiter sah diese aber als verbesserungsfähig an. Nun muss die Führungskraft begründen, welche Defizite festgestellt wurden:

„Herr/Frau ..., Sie haben die technischen Details von ... gut aufgezeigt. Es fehlte jedoch die Ableitung des Nutzens für den Kunden, wie Zeitersparnis, Schnelligkeit und Sicherheit. Um die Vorteile und den Nutzen prägnant aufzeigen zu können, gibt es eine bekannte Regel: Nach jedem technischen Vorteil leiten Sie mit Worten wie ‚das bedeutet für Sie', ‚das bringt Ihnen', ‚dadurch erreichen Sie' den Vorteil und Nutzen für den Kunden ab."

In dieser Art werden alle Kriterien des Beobachtungsinstruments durchgearbeitet.

Beobachteter Ausprägungsgrad
1 = schwach; 5 = stark

Eröffnungsphase

Eröffnungsphase	1	2	3	4	5	Notizen
Begrüßung und Vorstellung/Stärkung der Beziehungsebene						♥
Gesprächseinstieg durch Einsatz von Aufhängern						
Zuhören und Kunden ausreden lassen						👂
Einfühlen in den Kunden und seine Bedürfnisse						👂
Ansprache von Motiven, Wünschen des Kunden						👂
Detaillierte Bedarfsabklärung durch Fragen						
Bedarfszusammenfassung und -bestätigung						

Angebotsphase

Angebotsphase	1	2	3	4	5	Notizen
Aufbauen des Angebots auf den Bedarf						✎
Logik der Argumentation für das Angebot						✎
Visualisierung des Angebots und Beispielrechnungen						✎
Vorteil- und Nutzenargumentation						👂
Überzeugung des Kunden						🗣
Bewältigung von schwierigen Gesprächssituationen						🗣
Einwandbehandlung						
Zusammenfassung des Angebots						

Abschlussphase

Abschlussphase	1	2	3	4	5	Notizen
Abschlusssignale erkennen und nutzen						
Einleitung des Abschlusses						
Kaufaufforderung						🗣
Bestätigung der Kaufentscheidung						
Cross-Selling-Ansätze erkennen und Zusatzverkäufe nutzen						
Zusammenfassung/Treffen konkreter Vereinbarungen						✎
Angebot für Serviceleistungen und Verkaufsunterstützung nach Abschluss						
Verabschiedung/Stärkung der Beziehungsebene						♥

Gespräch insgesamt

Gespräch insgesamt	1	2	3	4	5	Notizen
Schaffen einer angenehmen Gesprächsatmosphäre						♥
Zielgerichtete Gesprächsführung						🗣
Blickkontakt						♥
Körperhaltung/Körpersprache						
Sprache, Sprechweise, Tempo, Verständlichkeit						
Zusammenarbeit, Zusammenspiel zwischen Verkäufer/Feldtrainer						

Abb. 13: Auswertungsbogen 2a

HINWEISE ZUR BEARBEITUNG DES AUSWERTUNGSBOGENS 2B

Wenn alle Bereiche bewertet und angekreuzt sind, soll zunächst der Mitarbeiter eine *Selbsteinschätzung* vornehmen, indem er auf den einzelnen Bewertungsskalen die Ausprägung der Fähigkeiten, so wie er diese bei sich sieht, zwischen 0 und 20 kennzeichnet. Danach werden die Werte auf den Bewertungsskalen miteinander verbunden.

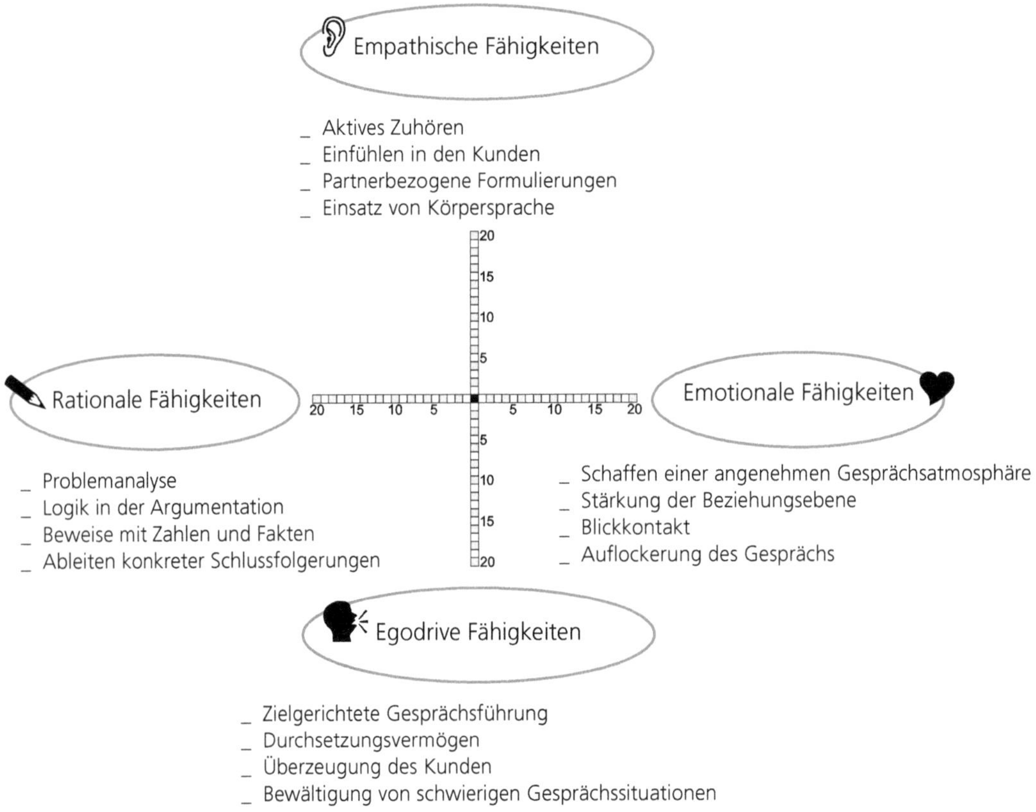

Abb. 15: Auswertungsbogen 2b

Nun kann die Ausprägung der *Kompetenzen* noch tiefer gehend aufgezeigt werden, indem die Zahlenwerte von denjenigen Kriterien, die im Auswertungsbogen mit unterschiedlichen Symbolen versehen sind, in den dafür vorgesehenen Kasten „Ausprägung der Kompetenzen" übertragen und dann in der Summenspalte jeweils quer addiert werden.

Die *Gesamtsumme*, die sich jeweils ergibt, wird zusätzlich zur Selbsteinschätzung des Mitarbeiters auf den Bewertungsskalen eingetragen und ebenfalls miteinander verbunden. Nun kann deutlich erkannt werden, wo sich das Ergebnis von Selbstbild und den Ergebnissen der Auswertung deckt und wo größere Differenzen bestehen. Diese Erkenntnisse erlauben eine erweiterte Diskussion.

	1	2	3	4	Summe
Rationale Fähigkeiten					
Emotionale Fähigkeiten					
Empathische Fähigkeiten					
Egodrive Fähigkeiten					

Abb. 15: Ausprägung der Kompetenzen

SCHLUSSFOLGERUNGEN AUS DER BESPRECHUNG DES BEOBACHTUNGSINSTRUMENTS

Hier auch wieder ein Beispiel zur Verdeutlichung:

„Herr/Frau ..., wenn wir jetzt Ihre Selbsteinschätzung und die Ergebnisse der Auswertung vergleichen, ergibt sich eine weitgehende Übereinstimmung. Daraus ist zu schließen, dass Sie sich realistisch einschätzen.

Darüber hinaus ist es günstig, wenn Selbst- und Fremdbild nicht stark differieren. Sie können dann davon ausgehen, dass Sie und Ihr Verhalten auf andere so wirken, wie Sie dies selbst erwarten. Lediglich im Bereich Egodrive-Fähigkeiten haben Sie sich schwächer eingeschätzt, als es sich aus der Auswertung der Einzelkriterien ergeben hat. Welche Defizite empfinden Sie in diesem Bereich, der auch insgesamt mit 12 Punkten auf der Skala der am schwächsten ausgeprägte Zahlenwert ist?" „......." Dann sollten wir bei den nächsten Besuchen gemeinsam darauf achten, wie es Ihnen gelingt, den Bedarf dringlich zu machen, Zeitfaktoren zu nennen, die für einen raschen Abschluss sprechen, und wie sicher und konsequent Sie die Abschlussaufforderung formulieren."

In dieser Art sollten also die Schlussfolgerungen aus der eigenen Einschätzung und den Ergebnissen der Auswertung mit dem Mitarbeiter besprochen werden.

HINWEISE ZUR BEARBEITUNG DES AUSWERTUNGSBOGENS 2C

Hier werden die Ergebnisse der organisatorischen Rahmenbedingungen besprochen.

Ganz wichtig ist es, immer wieder *konkrete Trainingsziele* zu vereinbaren. Mit dem Mitarbeiter ist also genau abzusprechen und schriftlich festzuhalten, auf welche Verhaltensweisen künftig verstärkt geachtet werden soll.

Dazu ein Tipp:

Die *Umsetzung* ist am wahrscheinlichsten, wenn der Mitarbeiter diese Trainingsvereinbarungen als eigene Vorsätze übernimmt und eine Selbstverpflichtung eingeht. (Beispiele für die Formulierung von Trainingszielen wurden auf der Seite 52ff. bereits aufgezeigt.)

Auswertungsbogen für Begleitbesuche

Organisatorische Rahmenbedingungen

Vereinbarungen

Abb. 16: Auswertungsbogen 2c

HINWEISE ZUR BEARBEITUNG DES AUSWERTUNGSBOGENS 3

Nach den Erläuterungen, die bei den vorigen Beobachtungsinstrumenten gemacht wurden, ist der Auswertungsbogen 3 einfach auszufüllen. Auch bei der Bearbeitung dieses Bogens gilt: Wenn dem Verkäufer Gelegenheit gegeben wird, zunächst seine eigenen Eindrücke vom Ablauf des Verkaufsgesprächs zu schildern, wird das nachfolgende Auswertungsgespräch partnerschaftlicher und wirkungsvoller.

Auswertungsbogen Feldtraining 1 = schwach; 10 = stark

Bewertungsskala	1	2	3	4	5	6	7	8	9	10	Bemerkungen
Erster Eindruck											
Aktive Kundenansprache											
Freundlichkeit											
Gesprächsaufhänger											
Gesprächsführung											
Fragetechnik											
Argumentation											
Einwandbehandlung											
Beraterverhalten											
Souveränität											
Emphatie											
Verbindlichkeit											
Abschlusssicherheit											
Kundenverabschiedung											
Lernbereitschaft											
Gesamteindruck											

Allgemeine Bemerkungen:

Abb. 17: Auswertungsbogen 3

HINWEISE ZUR BEARBEITUNG DER AUSWERTUNGSBÖGEN 4A-4E

Bei den Checklisten dieses umfangreichsten Beobachtungsinstruments handelt es sich um eine umfassende, detaillierte Analyse der Einstellung, der Motivation und des Arbeits- und Verhandlungsverhaltens eines Mitarbeiters. Dieses Beobachtungsinstrument geht über das reine Feldtraining hinaus und kann deshalb zur *Gesamtbewertung der Arbeitsweise* eines Verkäufers eingesetzt werden. Es ist auch gut für eine Gesamtzusammenfassung am Ende des Feldtrainings geeignet.

Checkliste 1 = niedrig; 6 = hoch

Verhandlungsverhalten	1	2	3	4	5	6
Arbeitet erkennbar systematisch						
Fragt nach Bedarf						
Stellt gezielt Fragen zum Problem						
Stellt Fragen zum Ablauf						
Schlägt konkretes Vorgehen vor						
Argumentiert mit Beweisen						
Argumentiert mit Beispielen						
Nennt Zahlen						
Stellt Angebotsvorteile dar						
Stellt Kundennutzen dar						
Verwendet Einwandtechniken						
Verwendet Abschlusstechniken						
Lenkt das Gespräch durch weiterführende Fragen						
Stellt Kontrollfragen zur Sicherung des Verständnisses						
Lässt den Kunden aussprechen						
Verhält sich taktvoll						
Bildet kurze, klare Sätze						
Bezieht sich auf gute Zusammenarbeit						
Stellt Serviceleistungen gut dar						
Vereinbart klare Termine						

Abb. 18: Auswertungsbogen 4a

Checkliste

Psychologisches Vorgehen im Gespräch	1	2	3	4	5	6
Erzeugt bewusst Sympathie						
Nennt Namen der Gesprächspartner						
Erweckt gezielt Vertrauen						
Veranlasst Gesprächspartner zur Mitwirkung						
Erkennt schnell persönliche Motive der Gesprächspartner						
Geht auf Stimmungen ein						
Kann sich beherrschen						
Lässt sich nicht provozieren						
Geht nach Entscheidungsstufen vor						
Verwendet persönliche Daten der Gesprächspartner						
Hört interessiert zu						
Nutzt Hobbies der Gesprächspartner						
Nutzt Eigenheiten der Gesprächspartner						

1 = niedrig; 6 = hoch

Abb. 19: Auswertungsbogen 4b

Checkliste	1 = niedrig; 6 = hoch					
Angebotsdarstellung	1	2	3	4	5	6
Nennt Vorteile des eigenen Angebots						
Nutzt Nachteile des Wettbewerbs-Angebots						
Verwendet Rechenbeispiele						
Nutzt Betriebskostenkenntnisse						
Nutzt Informationen über Wettbewerb zum Vergleich						
Nennt passende Einsatzbereiche						
Zeigt Referenzschreiben						
Zeigt Presseveröffentlichungen des Unternehmens						
Argumentiert mit Sicherheitsvorschriften						
Verwendet aktuelle Fachneuigkeiten						
Demonstriert am Modell						
Demonstriert nach Drucksachen						
Fertigt Handskizzen						

Abb. 20: Auswertungsbogen 4c

Checkliste

1 = niedrig; 6 = hoch

Motivation	1	2	3	4	5	6
Ist zu Mehrarbeit bereit						
Übernimmt gerne Verantwortung						
Zeigt Verständnis für Anordnungen						
Arbeitet auch bei leichter Krankheit						
Arbeitet mehr als ... Stunden täglich						
Zeigt Initiative						
Zeigt sich lernwillig						
Ist zu Sondereinsätzen bereit						
Spricht auch mit Problemkunden						
Akzeptiert Orga-Neuerungen						
Setzt sich klare Ziele						
Hält Zielvereinbarungen ein						
Vertritt Anordnung bei Kollegen						
Setzt sich für das Unternehmen ein						
Sorgt für Harmonie						
Organisiert seine Arbeit						

Abb. 21: Auswertungsbogen 4d

Checkliste	1 = niedrig; 6 = hoch					
Allgemeines Arbeitsverhalten	1	2	3	4	5	6
Führt Kartei						
Führt Fahrtenbuch						
Fährt gepflegtes Fahrzeug						
Führt Muster mit						
Hat Prospekte/Kataloge dabei						
Besucht Neukunden						
Übernachtet im Bedarfsfall						
Liest Fachpresse						
Versucht Gegengeschäfte						
Verkauft Service-Leistungen						
Meldet sich an						
Analysiert Ursachen bei Misserfolgen						
Setzt erkennbare Teilziele						
Bearbeitet interne Post schnell						
Bearbeitet Kundenfragen schnell						
Schreibt klare, kurze Berichte						
Gute Zusammenarbeit mit Innendienst						
Plant seine Touren sorgfältig						
Erarbeitet Unterlagen für Gesprächspartner						

Abb. 22: Auswertungsbogen 4e

Dieses Beobachtungsinstrument wurde von den BDVT-Kollegen Max Meier-Maletz und Andreas Dolle entwickelt und zur Verfügung gestellt.

5.5 Fazit zur Arbeit mit Beobachtungsinstrumenten

Der Einsatz von strukturierten Beobachtungsinstrumenten und Auswertungsbögen bringt *Systematik* in die Auswertung, das Feedback, das Herausarbeiten von Stärken und Schwächen und die Vereinbarung von Trainingszielen.

Nach Erfahrung der Autoren verbessert der Einsatz von Beobachtungsinstrumenten die Effektivität des Feldtrainings. Deshalb sollten diese Gesprächs- und Beurteilungshilfen bei möglichst vielen Begleitbesuchen eingesetzt werden.

Vorstehend wurden mehrere Beobachtungsinstrumente vorgestellt. Der Verkaufsleiter hat also *Alternativen* und kann beim Einsatz variieren. Die tiefer gehenden umfangreicheren Auswertungshilfen können auch als zusammenfassende Betrachtung nach einigen Besuchen oder zum Abschluss eines Feldtrainingstages verwendet werden.

Wie oft soll das Feldtraining durchgeführt werden?

Die Beantwortung dieser Frage hängt mit den zeitlichen Möglichkeiten des Verkaufsleiters und der Zahl der Mitarbeiter zusammen. Es sollte angestrebt werden, jeden Verkäufer *mindestens einmal pro Quartal* zu begleiten.

Beim Beginn von neuen Verkaufsrunden, wie z. B. Aktionen und Produkteinführungen, sollten die Begleitbesuche häufiger durchgeführt werden, damit der Verkaufsleiter den Erfolg der Verkaufsmaßnahmen, den Leistungsstand seiner Verkäufer, die Reaktionen der Kunden aus eigenem Erleben beurteilen kann. Spätestens bei der ersten Auswertungskonferenz sollte der Verkaufsleiter über diese Kenntnisse verfügen.

Je regelmäßiger und häufiger das Feldtraining durchgeführt wird, um so mehr wird es zu einer selbstverständlichen Gewohnheit. Erlebt der Verkäufer dabei einen kooperativen Trainingsstil und erkennt, in welchem Maße ihm die Verhaltenshinweise und Trainingsvereinbarungen persönlich und bei seiner Arbeit nützen, sind alle Vorbehalte und Anfangsschwierigkeiten überwunden und die erforderliche positive Einstellung zum Feldtraining ist geschaffen. Das Ideal ist dann erreicht, wenn der Verkäufer seinen Vorgesetzten bittet, mit ihm wieder Begleittouren durchzuführen.

Das Feldtraining führt kein Eigenleben. Es ist integrierter Teil der Marketing- und Vertriebskonzeption. Außerdem muss es eng mit den Planungen der Personalentwicklung und allen zentralen Trainingsmaßnahmen verzahnt sein.

In diese Bereiche sollten die im Feldtraining gewonnenen Erkenntnisse einfließen. Wenn der Verkaufsleiter die Mehrzahl seiner Verkäufer begleitet hat, also nach Abschluss eines Feldtrainingsdurchgangs, ist es erforderlich, dass ein *zusammenfassender Bericht* mit den Erkenntnissen am Markt, den anonymisierten Ergebnissen der Kundenbesuche, den erkannten Stärken und Schwächen erstellt wird. Aus den aufgetretenen Defiziten kann notwendiger Trainingsbedarf abgeleitet werden.

Der Verkaufsleiter kann in dieser Ausarbeitung auch seine eigenen und die in den Auswertungsgesprächen aufgetretenen Wünsche seiner Mitarbeiter für kommende Weiterbildungs-, Trainings- und persönliche Entwicklungsmaßnahmen mit Nachdruck vertreten.

6 Verzahnung von Feldtraining mit anderen Trainingsmaßnahmen

Um das Feldtraining wirkungsvoll mit zentralen Weiterbildungsmaßnahmen und Seminaren im Sinne einer Gesamt-Trainingskonzeption zu verbinden, ist es notwendig, die Teilnehmer auf diese Veranstaltungen vorzubereiten und zur Mitarbeit zu motivieren.

6.1 Entsendungsgespräch

Dazu dient das sogenannte Entsendungsgespräch. Dieses Mitarbeitergespräch wird also vor einem Seminarbesuch durchgeführt. Folgende Fragen sollten dabei besprochen werden:

- Aus welchen Gründen wurde der Mitarbeiter für den Besuch dieses Seminars vorgeschlagen?
- Welche Trainingsziele sollen in diesem Seminar erreicht werden?
- Welche wesentlichen Inhalte werden behandelt?
- Welche Erwartungen hat der Mitarbeiter an diese Trainingsveranstaltung?
- Was erwartet die Führungskraft vom Mitarbeiter, der dieses Seminar besuchen darf?
- In welcher Weise soll der Mitarbeiter seine Erkenntnisse festhalten, um nach dem Seminarbesuch berichten zu können?

6.2 Wiedereintrittsgespräch

Nach Rückkehr vom Seminarbesuch berichtet der Mitarbeiter im Rahmen eines Wiedereintrittsgespräches. Dabei wird ein Schwerpunkt auf die Möglichkeiten des Transfers in die Verkaufspraxis gelegt. Wichtige Diskussionspunkte dabei sind:

- Wie waren Lernklima, Stimmung, Unterkunft und Verpflegung?
- Welche Kenntnisse und Fähigkeiten hat das Seminar vermittelt?
- Welchen Nutzen für die Verkaufsarbeit brachte das Training?
- Was waren für den Mitarbeiter die wichtigsten Erkenntnisse?
- Welche Vorsätze hat er/sie gefasst?
- Was möchte er/sie konkret in die Praxis umsetzen?
- Was kann getan werden, um die Umsetzung zu unterstützen?
- Wie beurteilt der Mitarbeiter das Seminar insgesamt?
- Gibt es aus seiner Sicht Anregungen, wie diese Weiterbildungsmaßnahme noch effektiver gestaltet werden kann?
- Was möchte er/sie eventuell in der nächsten Verkäuferbesprechung seinen Kollegen berichten?

Das Wichtigste bei dieser *Vor- und Nachbereitung* der Seminare ist, dass der Mitarbeiter erkennt, dass die Führungskraft Interesse an seiner Persönlichkeitsentwicklung hat und ihn bei der Umsetzung der Erkenntnisse unterstützen will.

Die eigenen Entwicklungsziele des Mitarbeiters sollten in alle Trainings- und Weiterbildungsvereinbarungen einfließen. Nur dadurch wird die volle Identifikation erreicht. Der nachfolgende Bogen „Persönliche Entwicklungsziele für ..." ist für solche Fördergespräche eine wertvolle Hilfe.

Persönliche Entwicklungsziele für ...

Kurzfristige Qualifikations- und Entwicklungsziele	Langfristige Qualifikations- und Entwicklungsziele	Lernzielstufen 1. Überblick haben 2. Kennen 3. Anwenden können 4. Beherrschen	Termine	Ideen um das Ziel zu erreichen

Abb. 23: Auswertungsbogen persönliche Entwicklungsziele

7 Fallstudien für schwierige Feldtrainingssituationen

Trotz bester Vorbereitung, Besprechung mit den Mitarbeitern, Aufzeigen des Nutzens von Feldtraining muss besonders bei Einführung dieser Trainingsmaßnahme mit Schwierigkeiten gerechnet werden. Nachstehend sind einige Fälle, die in der Praxis vorkommen, geschildert. Durchdenken Sie diese Fallstudien und überlegen Sie sich Lösungen für diese Führungsprobleme.

7.1 Ausgangslage 1

Ein jüngerer Mitarbeiter äußert, ihn würden kontrollierte Gespräche zu sehr belasten. Bereits Tage vorher könne er nicht schlafen. Beim gemeinsamen Kundenbesuch sei er sicherlich fürchterlich nervös und unkonzentriert. Das angekündigte Feldtraining würde ihn jetzt schon nervlich fertig machen.

7.1.1 Ihre Lösungsvorschläge

7.1.2 Anregungen zur Lösung der Fallstudie 1

_ Mit viel Zuwendung und Einfühlungsvermögen zuhören

_ Dank an den Mitarbeiter, dass er diesen Punkt so offen ausspricht

_ Nachfragen, welche Bedenken konkret gegen das Feldtraining bestehen

_ Gemeinsam diskutieren, welche Vorteile die Zusammenarbeit von Verkäufer und Führungskraft bringt

_ Den persönlichen Nutzen für den Mitarbeiter aufzeigen

_ Diskutieren, was getan werden kann, damit die Befürchtungen nicht eintreffen

_ Anstreben, dass der erste gemeinsame Kundenbesuch bei einem positiv eingestellten Kunden stattfindet

_ Für das Erstgespräch eventuell einen Rollentausch anbieten –
Der Vorgesetzte führt das Gespräch und der Mitarbeiter coacht

_ Bei der Auswertung ganz besonders die erkannten Stärken betonen

7.2 Ausgangslage 2

Ein überdurchschnittlich intelligenter, leistungsstarker Verkäufer diskutiert mit Ihnen kritisch über die Berechtigung und Wirkung des Feldtrainings. Seine Hauptargumente dagegen sind:

_ Die gemeinsam geführten Gespräche seien nicht natürlich und frei

_ Die Ergebnisse aus der Beobachtung seien subjektiv

_ Durch diese Subjektivität sei das Feedback nur bedingt zutreffend

_ Viele Kunden würden Besuche von zwei Firmenrepräsentanten kritisch betrachten und ablehnen

_ Feldtraining sei eine autoritäre Führungsmethode und stütze überholte hierarchische Führungsstrukturen

7.2.1 Ihre Lösungsvorschläge

7.2.2 Anregungen zur Lösung der Fallstudie 2

_ Mitarbeiter zunächst reden lassen, zuhören

_ Mit der Methode der Verbalisierung „Neuformulierung und Beleuchtung aus anderer Sicht“ neue Aspekte aufzeigen: „Bietet die Zusammenarbeit nicht die Chance, dass unbewusste Verhaltensweisen erkannt werden, die ein Verkäufer selbst nicht wahrnimmt?“

_ Verwunderung ausdrücken, dass gerade dieser leistungsstarke Mitarbeiter diese Bedenken hat

_ Durch Fragen nachhaken, welcher der geäußerten Punkte für ihn besonders entscheidend sei

_ Aufzeigen, welche Vorteile das Feldtraining bringt

_ Nachfragen, welche Alternativen der Mitarbeiter zu diesem Training in der Praxis sehen würde

_ Betonen, dass gerade gemeinsame Kundenbesuche die Gelegenheit zu partnerschaftlichem Erfahrungsaustausch seien

_ Die Auswertung der Gespräche werde grundsätzlich gemeinsam gemacht. Der Verkäufer könne also seine eigenen Wahrnehmungen, Erkenntnisse und Schlussfolgerungen einbringen

_ Durch Berücksichtigung von zwei Meinungen werde mehr Objektivität geschaffen

_ Den Mitarbeiter eventuell Verbesserungsvorschläge zur Durchführung des Feldtrainings machen lassen

_ Dahingehend beruhigen, dass, wenn berechtigte Gründe vorliegen, der Verkäufer ausnahmsweise auch an einem Feldtrainingstag einen Kundenbesuch alleine machen könne

_ Zusammenfassend ganz klar betonen, dass das oberste Ziel des Feldtrainings die Persönlichkeitsentwicklung und Leistungsverbesserung des Mitarbeiters sei

7.3 Ausgangslage 3

Einem Ihrer Verkäufer haben Sie angekündigt, dass Sie Feldtraining mit ihm machen wollen. Es wurde bereits ein Termin vorgesehen. Jetzt ruft Sie dieser Mitarbeiter an. Er würde gerne mit Ihnen zusammenarbeiten, habe aber kaum Kunden, für die das neue Produkt in Frage komme. Versuche, Termine zu bekommen, seien fehlgeschlagen und bereits vereinbarte wieder abgesagt worden. Das Feldtraining müsse leider ausfallen. Es ist bereits das zweite Mal, dass diese Situation bei diesem Mitarbeiter eintritt.

7.3.1 Ihre Lösungsvorschläge

7.3.2 Anregungen zur Lösung der Fallstudie 3

_ Am Telefon nur zur Kenntnis nehmen, Termin für persönliches Gespräch mit dem Mitarbeiter vereinbaren

_ Fragen, woran es liegt, dass gerade er kaum Kunden für das neue Produkt habe, keine Termine bekomme und vereinbarte Kundentermine abgesagt würden

_ Die klare Botschaft geben, dass Sie glauben, dass noch weitere Gründe vorhanden seien, die bisher noch nicht genannt wurden. Diese erfragen

_ Durch Diskussion über die Vorteile des Feldtrainings und die partnerschaftliche Art der Durchführung eventuelle Ängste abbauen

_ Den Mitarbeiter Vorschläge machen lassen, wie man weiter komme und was zu tun sei, damit diese Situation nicht nochmals eintritt

_ Mit Nachdruck klar machen, dass Feldtraining auf jeden Fall durchgeführt wird

_ Falls der Mitarbeiter keine Tour zusammenstellen und Termine vereinbaren könne, würden Kunden in seinem Gebiet ohne vorherige Anmeldung gemeinsam besucht

7.4 Ausgangslage 4

Ein älterer, bewährter Verkäufer erklärt Ihnen, dass er gemeinsame Kundenbesuche strikt ablehne. In seinem Alter habe er das nicht mehr nötig. Feldtraining sei nur für jüngere Kollegen geeignet. Außerdem befürchte er, dass sein Ansehen beim Kunden durch die Begleitung des Vorgesetzten leide.

7.4.1 Ihre Lösungsvorschläge

7.4.2 Anregungen zur Lösung der Fallstudie 4

_ Mit diesem Verkäufer über die Notwendigkeit des lebenslangen Lernens diskutieren

_ An seine Vorbildfunktion gegenüber den jüngeren Kollegen appellieren

_ Diesen Mitarbeiter aufwerten, indem ihm gesagt wird, dass seine Teilnahme an dieser Trainingsmaßnahme auf Grund seiner langjährigen Erfahrung und guten Kundenkontakten für ihn kein Problem sei

_ Unter Umständen herausstellen, dass er als Vorbild und Multiplikator in der Gruppe benötigt werde

_ Den Ablauf des Feldtrainings und der Begleitbesuche nochmals detailliert aufzeigen. Dabei besonders die Rollenverteilung besprechen:

  _ Der Verkäufer eröffnet das Gespräch, baut die Beziehung zum Kunden auf und steuert die Verhandlung
  _ Der Verkaufsleiter bringt sich nur unterstützend ins Gespräch ein
  _ Durch diese partnerschaftliche Führung des Verkaufsgesprächs seien keine Gründe vorhanden, weshalb das Ansehen eines bewährten Mitarbeiters beim Kunden leiden könnte.
  _ Häufig würden Kunden den Besuch einer Führungskraft sogar als Anerkennung empfinden

_ Die Vorteile des Feldtrainings aufzeigen

_ Mit dem Mitarbeiter herausarbeiten, bei welchen schwierigen Kunden die Unterstützung durch den Verkaufsleiter von Nutzen sein könnte

_ Nochmals an den Teamgeist des Mitarbeiters appellieren

7.5 Ausgangslage 5

Sie erfahren, dass einer Ihrer Mitarbeiter, der scheinbar beim Feldtraining ohne Probleme mitmacht, im Kollegenkreis schwer gegen diese Maßnahme und Sie persönlich schießt.

7.5.1 Ihre Lösungsvorschläge

7.5.2 Anregungen zur Lösung der Fallstudie 5

- Den gehörten Sachverhalt dem Verkäufer mitteilen und ihn zur Stellungnahme auffordern
- Zunächst keinen Dialog beginnen, den Mitarbeiter unbeeinflusst Stellung nehmen lassen
- Bei Bestreiten der Äußerungen auf die Verlässlichkeit der Informationsquellen hinweisen
- Erfragen, wie er selbst zum Feldtraining steht
- Aufzeigen, dass die bisherigen Begleitbesuche aus Sicht der Führungskraft mit guten Ergebnissen und erfolgreich verlaufen sind
- Daran erinnern, dass er bei den Auswertungen konstruktiv mitgearbeitet, die Verhaltensweise akzeptiert und am Ende den Trainingsvereinbarungen zugestimmt habe
- Begründen, warum der Vorgesetzte Kritik „hinten herum" nicht akzeptiert
- An das Vertrauen appellieren und aufzeigen, dass der Mitarbeiter mit allen Problemen und auch Kritik zu seinem Verkaufsleiter kommen könne und dies auch tun soll
- Vereinbarung treffen, dass künftig alle Kritik im persönlichen Gespräch zwischen Vorgesetztem und Mitarbeiter geklärt wird

8 Nachwort

Liebe Verkaufsleiterkollegin,
lieber Verkaufsleiterkollege,

ganz bewusst wählen wir diese Anrede, weil beide Autoren hoffen, dass Sie beim Durchlesen bzw. Durcharbeiten dieses Buches wichtige Anregungen, vielleicht sogar den entscheidenden Kick für Ihre Tätigkeit als Feldtrainer erhalten haben.

Feldtraining ist deshalb so wichtig, weil ein Training in Seminarform zwar Wissen und Können vermitteln kann, die Bedingungen des tatsächlichen Kundengesprächs im Seminarraum jedoch niemals geschaffen werden können. Nur im echten Kundenkontakt, im persönlichen Gespräch zwischen Kunden und Verkäufer, besteht die Chance des Verkaufserfolges.

Sie als Verkaufsleiter in Ihrer Rolle als Trainer und Coach haben mit dem Feldtraining den Schlüssel zur Motivation, zur Entwicklung, Qualifizierung und Leistungssteigerung Ihrer Mitarbeiter in der Hand. Nutzen Sie alle diese Möglichkeiten, die Ihnen diese partnerschaftliche Trainingsform bietet. Die steigenden Verkaufserfolge Ihres Verkaufsteams werden dann zu Ihren persönlichen Erfolgen.

Erfolg hat nur drei Buchstaben: TUN

Deshalb ist es jetzt entscheidend, dass Sie die Erkenntnisse, die Sie in diesem Buch gewonnen haben, umsetzen und zwar sofort!

Welches waren die wichtigsten Tipps für Sie? Halten Sie diese bitte fest. Machen Sie eine Trainingsvereinbarung mit sich selbst.

Meine Anregungen aus „Vom Verkaufsleiter zum Verkaufscoach" – Training on the job – Der Schlüssel zum Verkaufserfolg

Abb. 24: Meine Anregungen

Aufgaben, die ich aus den Anregungen ableite:	Bis wann will ich sie verwirklichen?

Abb. 25: Meine Aufgaben

Die längste und schwierigste Reise fängt mit dem ersten Schritt an. Viel Erfolg auf diesem Weg wünschen die Autoren dieses Buches: Hans A. Hey und Dr. Alexandra Hey

9 Literaturhinweise

Comelli, G. (1985). Training als Beitrag zur Organisationsentwicklung. Handbuch der Weiterbildung für die Praxis in Wirtschaft und Verwaltung. Hanser.

Fengler, J. (2004, 3. Aufl.). Feedback geben. Strategien und Übungen. Beltz.

Fischer, G. H. (1981). Verkaufsprozesse mit Interaktion – Vom Monolog zum Dialog. Gernsbach: Deutscher Betriebswirte-Verlag.

Fischer, G. H. (1982). Interaktionsstrategie im Absatzmarketing – Grundlagen und Anwendungen. Gernsbach: Deutscher Betriebswirte-Verlag.

Fischer, G. H. (1983). Praxis Verkaufsausbildung und Verkaufsleitung – Anwendung der Interaktionsstrategie in der Organisationsentwicklung des Vertriebs. Gernsbach: Deutscher Betriebswirte-Verlag.

Fischer, G. H. et al. (1987). Praxis der Interaktionsstrategie im Verkauf und Marketing. Gernsbach: Deutscher Betriebswirte-Verlag.

Hey, A. H. (2001). Feedback und Beurteilung bei selbstregulierter Gruppenarbeit. Berlin: dissertation.de.

Hey, A. H. (2009). Feedback, Beurteilung und Zielvereinbarung als Instrumente strategischer Personalentwicklung. In Management Circle (Hrsg.), Lehrgang strategische Personalentwicklung. Eschborn: Management Circle Verlag.

Hey, H. A. (1978). Prüfen Sie Ihre Verkäufer-Besprechungen. In Marketing-Journal.

Hey, H. A. (1979). Geben Sie Ihren Verkäufern mehr Selbstsicherheit. In Marketing-Journal.

Hey, H. A. (1985). Warum Verkaufstraining immer noch scheitert – 8 Ursachen, dazu Lösungsvorschläge. In Marketing-Journal.

Hey, H. A. (1999). Das Verkaufen wieder Verkaufen nennen – Verkäufer fürs Verkaufen trainieren. In Erfolgreiches Verkaufs-Management.

Hey, H. A. (2005) (Hrsg.). Trainerkarriere – Wie Sie als Trainer erfolgreich selbstständig werden und bleiben. Offenbach: Gabal.

Lenfers, H., Siepe, A. (1991). Feldtraining – Führungskräfte trainieren Mitarbeiter im Verkauf. Freiburg i. B.: Rudolf Haufe.

London, M. (1997). Job feedback: Giving, seeking, and using feedback for performance improvement. Erlbaum.

Luft, J. (1970). Group processes: An introduction to group dynamics. National Press.

Meier-Maletz, M. (1994). Trainer-Guide – Erfolgreiches Verkaufstraining, Erfolgsnachweise. Landsberg: Moderne Industrie.

Zum Autor

Hans A. Hey, Jahrgang 1934, ist seit 1969 als Trainer und Berater mit dem Schwerpunkt Vertrieb selbständig tätig. Er hat in langfristigen Personalentwicklungskonzeptionen viele führende deutsche Firmen, Verbände und Institutionen betreut, beraten und trainiert. Seine Laufbahn begann 1954 als Verkäufer, dann Verkaufsleiter und Trainingsleiter bei der Firma Knorr-Maizena, Heilbronn.

1999 wurde Hans A. Hey zum Ehrenpräsidenten des BDVT e. V. ernannt, dem er bereits seit 1968 als Mitglied angehört und von 1994 bis 1998 als Vizepräsident und Präsident vorstand. 1976 hat er die „Berufsgruppe Selbständige im BDVT" gegründet und diese bis 1994 geleitet.

Hans A. Hey ist ein erfahrener Trainer, Vortrags- und Kongressredner. Als Autor verfasste er Buchbeiträge und Fachartikel über Vertrieb und Marketing. 2005 hat er das Standardwerk „Trainerkarriere" herausgegeben.

Hans A. Hey hat viele Preise und Auszeichnungen erhalten, darunter das Bundesverdienstkreuz am Bande 1984, die Ehrennadel des Landes Baden-Württemberg 1987, die Goldene Münze der Stadt Heilbronn, den Deutschen Trainingspreis des BDVT in Gold und den Internationalen Deutschen Trainingspreis des BDVT in Silber.

Zur Autorin

Dr. Alexandra Hey, Jahrgang 1969, Diplom-Psychologin, ist Leiterin Produktmanagement bei der Deutschen Ärzteversicherung in Köln. Sie ist verantwortlich für Produktentwicklung und -vermarktung für den Bereich Sachversicherung.

Zuvor war sie im AXA Konzern als Beraterin für Change Management in der Organisationsentwicklung tätig und setzte große interne Veränderungsprozesse um. In den letzten Jahren war sie als Lean/Six-Sigma-Master Black Belt im In- und Ausland verantwortlich für die Implementierung eines Programms für Prozessoptimierung und Qualitätsmanagement, für die Leitung von Projekten sowie für die Ausbildung und das Coaching von Projektleitern. Sie ist Autorin zahlreicher Publikationen im Bereich Personal- und Organisationsentwicklung.

MIX
Papier aus verantwortungsvollen Quellen
Paper from responsible sources
FSC® C105338

If you have any concerns about our products,
you can contact us on
ProductSafety@springernature.com

In case Publisher is established outside the EU,
the EU authorized representative is:
Springer Nature Customer Service Center GmbH
Europaplatz 3, 69115 Heidelberg, Germany

Printed by Libri Plureos GmbH
in Hamburg, Germany